승무원 서비스 중국어

Cabin Crew Service Chinese

 Preface

　한국은 물론 세계 어디서나 중국인을 만나는 건 이제 어려운 일이 아닙니다. 항공에서 관광까지 여행 전반에 걸쳐서 중국인 비중이 증가하는 만큼 중국어의 중요성도 높아지고 있습니다. 항공 승무원이 갖춰야 할 핵심 역량 중 하나는 다국적 승객들과 원활한 의사소통 능력이며 나아가 섬세하고 수준 높은 서비스를 수행함에 있어 반드시 필요한 요건입니다. 한 나라의 말을 할 줄 안다는 것은 그 나라 문화와 역사를 알고 그 언어에 담긴 그들의 생활과 습관까지 알아가는 일입니다. 심지어 해당 국가 국민들이 현재 시대에 따라 어떤 변화를 모색하고 있는지 폭넓고 깊게 이해할 수 있어야 합니다.

　앞선 연유로 국내 항공사 중 공채 시 중국어 특기자 전형을 실시하는 곳도 있으며, 영어자격에 이어 HSK나 TSC와 같은 중국어 자격을 보유한 지원자들이 많아지고 있습니다. 인적요소가 더없이 중요한 객실서비스 분야에서 증가하는 중국 승객들을 응대하고 책임지는 항공승무원의 역할이 보다 더 중요해지고 있습니다.

　국내 항공사에서는 신입훈련 과정 중 기내 중국어 교육과정을 운영하여 승무원의 중국어 구사능력 향상에 힘쓰고 있습니다. 다만, 항공사 교육 운영상 중국어 교육에 많은 시간을 할애할 수 없는 한계에 직면해 있습니다. 결국 승무원 개개인의 노력에 따른 성과에 차이가 있어 실제 비행현장에서 승무원 개인의 역량과 책임으로 나타나기도 합니다. 현직 승무원 중에서도 중국어 구사가 쉽지 않아 중국 승객 응대에 대한 두려움, 중국 승객 비율이 높은 노선에서의 업무 피로도를 호소하는 경우가 종종 있기 때문입니다.

승무원을 꿈꾸는 여러분은 기내에서 어떤 승무원의 모습으로 있길 원하시나요? 중국어 구사 능력은 중국 승객에 대한 깊은 이해로 배려가 담긴 따뜻하고 자신감 있는 서비스를 가능하게 하여, 서비스 만족감 향상은 물론 여러분의 성장에 밑거름이 되어줄 큰 자산이라 할 수 있습니다.

　비행 현장을 떠나 교육 현장에 와보니 항공 분야에 대한 관심은 뜨겁고 학생들은 열의로 가득 차 있습니다. 승무원 후배를 양성함에 보람을 느끼며, 저자 스스로 더 공부하고 중국어 뿐만 아니라 생생한 비행현장과 중국문화, 중국인의 삶의 모습을 함께 전달하며 같이 발전하는 유익하고 즐거운 수업을 위해 항상 노력하고 있습니다. 이러한 노력의 일환으로 기내 서비스 중국어 교재를 개정하게 되었습니다. 이 책은 탑승환영부터 승객하기시까지 기내 서비스 절차에 따라 서비스 수행 시 필요한 회화, 핵심표현, 문법을 다루고 있습니다. 기본편은 항공승무원이라면 반드시 알아야 비행업무가 가능한 기본적인 내용을 담았으며, 심화편은 서비스 절차 내 추가적으로 필요한 부분을 좀 더 세부적으로 다루었습니다. 여러분이 정확한 중국어를 구사할 수 있도록 국내 저명한 감수자님이 함께 참여해 발음, 성조, 기내방송 모델 보이스를 제공하고 있습니다. 이 책과 함께 중국어에 대한 관심은 물론이고 여러분의 중국어 구사 능력이 향상되길 간절히 바라며 비행기 좌석의 절반 이상을 채우는 중국 승객들에게 그들의 언어로 서비스를 전달하는 여러분의 모습을 기대해봅니다.

-저자 일동 드림-

추천글

승무원에게 중국어 구사 능력은 선택이 아닌 필수!

D항공 이*현 부사무장

고등학교 재학 중 제2외국어로 중국어를 처음 접하였고 그 이후로는 중국어를 사용할 기회가 없다고 생각해 꾸준히 공부를 하진 않았습니다. D항공사에 입사하면서 서비스 교육 시간에 중국어 수업을 받으며 다시 중국어를 배우게 되었습니다.

D항공사를 이용하는 다양한 국적의 승객들 중 중국 승객의 비율이 빠르게 늘어나고 있습니다. 실제 비행현장에서 중국 승객의 비율 증가를 몸소 느끼게 됩니다. 비행에 필요한 필수 중국어 구사는 가능하지만 예상치 못한 상황이 자주 발생하는 비행업무 특성 상 중국 승객과 다양한 상황과 문제를 두고 소통을 하기에 큰 어려움이 있습니다. 물론 증가하는 중국 승객을 케어 할 중국 승무원이 탑승하지만 매 비행마다 중국 승무원이 있는 것도 아니고, 제가 중국 승객과의 어려움이 생길 때 마다 도움을 청하기도 쉽지 않았습니다.

중국어 구사능력의 필요성은 알았지만 꾸준히 공부하고 실력을 향상시키는 일은 무척이나 어려웠습니다. 그러던 어느 날 중국어 공부를 하겠다고 다짐하게 된 계기가 있었습니다. 인천- 상하이 노선 비행에서 중국 승객의 면세품 쇼핑백이 사라지는 일이 발생했습니다. 담당승무원이 영어로 응대를 하였는데 그 승객은 전혀 영어를 사용하지 못하는 분이었고 승무원과 승객 사이 소통이 되지 않아 물건을 찾고 승객을 진정시키는데 큰 어려움이 있었습니다. 그때 마침 지나가시던 사무장님이 중국어를 유창하게 하시며 물건을 찾아 주셨고 그 승객은 무척 만족하시며 내릴 때까지 승무원들에게 고마움을 표현해 주셨습니다. '만약 저에게 이런 상황이 생겼다면…', '주변에 나를 도와줄 승무원이 없었다면 어땠을까…?' 생각하니 정말 아찔하고 부끄러운 마음이 들었습니다. 당장 온라인 강의와 주변 도움으로 중국어 구사능력을 키워 가기 시작했습니다. 실력이 쌓인 이후로 두렵기만 하던 중국노선과 중국 승객들을 진심으로 환영하기 시작했고, 주눅들기보다는 자신감으로 무장한 저만의 따뜻한 서비스를 중국 승객들에게 제공하며 자국 항공기가 아니어도 편안한 비행이 가능하다는 것을 보여주었습니다. 이젠 저도 어느덧 부사무장으로 선배들과 사무장님들로부터 도움을 받는 일보다 다른 승무원들에게 도움을 주고 책임을 져야하는 위치에 있습니다. 그때 중국 승객의 사라진 면세품 쇼핑백을 찾아주었던 사무장님처럼 말이죠.

  항공산업 현장에서 중국어 구사능력은 선택이 아닌 필수가 되었습니다. 여러분들의 노력이 쌓이고 쌓여 여러분의 실력이 될 것입니다. 이 실력은 회사 내 본인의 경쟁력을 높이고 업무의 편리성을 갖게 하여 스스로 큰 발전과 많은 기회들을 얻을 수 있을 것입니다. 무엇보다 기내에서 만나는 중국 승객들과 하나의 언어로 소통하며 여러분의 자신감 넘치고 우아하고 멋진 서비스를 펼칠 그날을 기대해봅니다. 加油！

 승무원 합격 비결

정*겸 승무원 -J항공 중국어 특기자 전형 합격-

질문1) 중국어는 어떤 계기로 공부하게 되었나요?

저는 대학시절 항공 중국어를 통해 처음 접하게 되었습니다. 당시에는 생소한 한자와 어려운 병음, 뜻까지 외워야 한다는 것이 참 어려웠습니다. 하지만 중국은 우리나라와 매우 근접해 있고, 또 오랜 역사를 함께 한 나라이다 보니 언어에 공통점이 많다는 것을 발견하게 되었습니다. 예를 들어, 어떤 단어는 한국어와 매우 유사한 발음을 가지고 있고 어떤 한자는 우리가 어릴 적부터 자주 보던 한자여서 이럴 땐 노력하지 않고도 마치 단어를 외운 것 같은 느낌이 들어 참 신기하기도 하고 자연스레 중국어에 대한 관심이 많아 지기 시작했습니다.

언어를 공부하기 위해서 뒷받침되어야 하는 것이 바로 그 나라의 문화입니다. 중국은 같은 문화권이다 보니 말을 하는 방법이나 표현하는 방식이 매우 비슷합니다. 예를 들어, '배고파 죽겠네.'라는 표현은 다른 나라에서 생소한 표현방식입니다. 다소 과격하거나 이상하게 들릴 수 있습니다. 하지만 우리 언어와 비슷하게 '~죽겠다.'라는 표현을 자주 씁니다. 중국어에 대한 흥미와 매력을 강하게 느껴 중국 어학연수까지 떠나게 되었습니다. 현지에서 직접 부딪히며 공부한 중국어는 한국에서 배웠을 때 보다 더 빠르게 향상되었고 한국에 돌아와서 HSK6급까지 취득하며 중국어에 대한 열정을 더욱 키워 나갔습니다.

저는 항공 중국어의 첫 수업이 아직도 생생합니다. 사실 정말 어려웠습니다. 하지만 첫 시작은 모두가 똑같다고 생각합니다. 많은 사람들이 같은 수업을 들었지만 중국어에 대한 열정을 가지고 특기로 발전시킨 사람은 소수입니다. 모든 결과는 마음가짐에서 온다고 생각합니다. 학교에서 억지로 배운다는 마음가짐으로 한다면 그 어떤 것도 자신의 무기로 발전시킬 수 없습니다. 한 번 뿐인 대학생활을 행복하게 즐기고, 배움에 최선을 다하시길 바랍니다. 시작은 같더라도 끝은 다를 수 있습니다.

질문2) 중국어 실력이 항공사 면접에 꼭 필요한가요?

네. 꼭 필요하다고 생각합니다.

현재 모든 항공사에서 영어 다음으로 중요한 외국어가 중국어입니다. 중국노선과 중국 승객은 급등하고 있으며, 회사는 중국어 실력을 갖춘 인재를 원하고 있습니다. 또한 LCC 항공사의 경우, 외국인 승무원을 채용하지 않기 때문에 더욱이 중국어 실력은 면접에서도 필수가 되었습니다. 중국어 자격증이 없더라도, 면접 때 중국어로 자기소개를 하거나 항공 중국어 시간에 배운 롤플레이를 보여드리는 것만으로도 가산점을 받을 수 있고 높은 급수가 아니더라도 낮은 점수부터 차근차근 준비한다면 이것 만으로도 중국어 공부를 하고 있다는 증거가 될 수 있습니다.

면접은 짧은 시간에 자신을 얼마나 잘 표현하는지가 중요합니다. 중국어 실력은 강하고 임팩트 있게 면접관을 사로잡을 수 있는 방법 중 하나라고 생각합니다. 제가 면접에서 중국어를 할 때 면접관들의 눈빛이 바뀌는 것을 느낄 수 있었습니다. 모든 지원자들의 합격과 불합격은 종이 한 장 차이입니다. 아주 미세한 차이로 당락이 결정되는 것이라면, 어떤 것 하나도 소홀히 할 수 없습니다. 당장 HSK6급을 취득하라는 뜻이 아니고 작은 것이라도 면접에서 보여줄 수 있는 무언가를 준비해야 한다고 말씀드리고 싶습니다.

질문3) 면접 준비는 어떻게 했고, 본인이 생각하는 합격 노하우가 있나요?

면접을 준비할 때 기본 자세는 '내가 면접관이라면, 날 뽑을 것인가?'라는 질문에 자신감이 있어야 합니다. 그 모습이 면접관에게 보여 지기 때문입니다. 이 질문에 당당하지 않다면, 면접 준비를 더 열심히 해야 합니다. 저는 다음과 같이 준비하며 자신감을 얻었습니다.

첫 번째는 철저한 기업 분석입니다. 기사를 찾아보는 것은 물론이고, 기사 속에 나온 수치까지 하나하나 적어서 외웠습니다. 덕분에 중국 노선이 많아졌다는 답변에서 정확한 퍼센트까지 이야기할 수 있었고, 면접관들이 이 부분에서 좋게 봐주셨다는 느낌을 받았습니다. 그리고 회사에서 운영하는 유투브채널을 여러 번 돌려보며 면접에서 어떻게 말하면 좋을지 연구하였습니다. 실제로 저에게 면접 복장을 선택한 기준에 대해 물어보셨는데, 영상 속 한 인터뷰에서 '면접 복장 자율화를 실시한 이유는 지원자들의 단점을 보완할 수 있게 하고, 자신감을 키우기 위해서다.'라는 설명이 기억에 남았습니다. 이 부분을 인용해 답변을 드렸고, 면접에서 좋은 점수를 받은 것 같습니다. 철저한 기업분석은 나만의 차별화된 답변을 만드는데 큰 재료가 됩니다.

두 번째는 나만 가지고 있는 경험을 쌓는 것입니다. 누구나 가지고 있는 카페 알바, 웨딩홀 알바, 영화관 알바는 다른 지원자들과 비슷한 느낌만 줄 뿐입니다. 나만 가지고 있어서 확실하게 어필 되는 경험이 있어야 합니다. 저의 경우, 중국에서 진행한 한중 행사 MC 경험을 살려서 특기 란에 'MC 보기, 행사 진행하기'를 적었고, 면접 때마다 특기에 대한 질문을 받았고 면접관들도 획일화된 답변보다는 조금 더 특이하고 재밌는 경험을 듣고 싶어한다는 것을 알게 되었습니다. 수백 명의 이야기를 듣기 때문에, 누구나 가지고 있는 경험보다는 새롭고 다양한 경험을 이야기하는 것이 중요합니다. 그 외에도 저는 면세점에서 일한 경력을 가지고 있습니다. 3개월이라는 짧은 시간이었지만, 그 경험 또한 단골 질문이었습니다. 특히 승무원과 유사한 서비스직이라 어필하기에 좋은 경험이었습니다.

마지막으로 포기하지 않는 끈기가 필요합니다. 저는 최종합격을 하기까지, 약 6년 동안 많은 탈락의 고배를 마셨습니다. 제가 끝까지 끈기를 가지고 포기하지 않았기 때문에 결국에 합격할 수 있었다고 생각합니다. 승무원을 준비하다 보면 유난히 답이 나오지 않고, 힘들고 어려울 때가 있지만 그 시기를 잘 넘기고 절대 포기하지 않고 꿈을 이뤄내는 여러분이 되셨으면 좋겠습니다.

Contents

Part 01
기본편

Section 01   오리엔테이션 ·· 4

  🕐 학습목표
    • 중국어의 기초발음, 성조, 성조변화의 원칙을 이해하고 발음할 수 있다.
    • 중국어의 한어병음의 구조를 이해하고 보고 읽을 수 있다.
    • 중국어의 품사, 문장성분, 기본 어순을 이해할 수 있다.

  Plus   세계 각국 도시명으로 발음 익히기 ···················· 20

Section 02   탑승인사 & 좌석안내 ························· 22

  🕐 학습목표
    • 탑승 시 중국 승객에게 환영인사를 건넬 수 있다.
    • 경어를 사용하여 탑승권을 확인하고, 승객의 좌석 위치를 안내할 수 있다.

  🕐 핵심표현
    • 환영인사 欢迎登机 / 인칭표현 / 경어 请 / 탑승권에 있는 중국어 표현

  🕐 문법 알아보기
    • 지시대명사 / 방위명사

  Plus   기내에서 자주 사용하는 기본 접객 용어 ················ 29

Section 03   자기 소개 & Baby Bassinet 안내 ········· 30

  🕐 학습목표
    • 담당구역 승객에게 자기소개를 할 수 있다.
    • 유아동반 승객에게 Baby Bassinet 장착에 관해 안내할 수 있다.

  🕐 핵심표현
    • 소개 표현 我是 ~ / Baby Bassinet 장착 안내 표현

  🕐 문법 알아보기
    • 동사 是 / 동사 给

  Plus   중국인의 성 ·· 35

Section 04   비상구 좌석 안내 ·· 36

    🕐 **학습목표**
- 비상구 좌석에 앉은 승객에게 안전카드를 제공하고 안내할 수 있다.
- 비상구 좌석에 부적합한 승객이 앉아있을 경우 설명하고 좌석을 바꿔 드릴 수 있다.

    🕐 **핵심표현**
- 很抱歉给你们带来 … / 同意吗?

Plus   비상구 좌석 배정에 적합하지 않은 승객 ···························· 42

Section 05   짐 정리 ··· 44

    🕐 **학습목표**
- 승객의 짐을 정해진 장소에 보관하도록 안내할 수 있다.
- 지정되지 않은 장소에 짐을 둔 승객에게 올바른 짐 보관 방법을 안내할 수 있다.

    🕐 **핵심표현**
- 개사 为了 / 请放在 + 장소

    🕐 **문법 알아보기**
- 장소를 나타내는 在 / 능원동사 能, 不能

Section 06   이륙 준비 ·· 50

    🕐 **학습목표**
- 이륙준비에 필요한 안전, 보안 절차를 안내할 수 있다.

    🕐 **핵심표현**
- 이륙준비 시 필요한 표현 7가지 / 중국어의 호칭

    🕐 **문법 알아보기**
- 동사 + 好 / 소유를 나타내는 조사 的 / 把 구문

Section 07   헤드폰과 신문서비스 ················· 58

⊘ 학습목표
  • 승객이 원하는 물건의 유무를 안내할 수 있다.
  • 제공되는 물건이 무엇인지 소개하고 드릴 수 있다.

⊘ 핵심표현
  • 어감을 조절하는 一下 / 사용여부를 묻는 要用 / 유무를 확인하는 有没有

⊘ 문법 알아보기
  • 의문조사 吗 / 정반의문문 有没有

Section 08   화장실 위치와 사용 및 터뷸런스 시 안내 ············· 64

⊘ 학습목표
  • 승객에게 화장실 위치를 안내할 수 있다.
  • 화장실 사용 여부에 대해 안내할 수 있다.
  • 터뷸런스 시 화장실 사용 불가 안내와 화장실 사용 가능 시점에 대해 안
    내할 수 있다.

⊘ 핵심표현
  • 不能使用 …

⊘ 문법 알아보기
  • 부정을 뜻하는 不 / 没

Section 09   장거리 노선 음료 서비스 ··················· 70

⊘ 학습목표
  • 기내에서 제공되는 음료를 소개할 수 있다.
  • 소개한 음료 중에 승객의 선택을 물어볼 수 있다.

⊘ 핵심표현
  • 선택을 묻는 표현 / 음료 종류 설명하기 我们有 / 기내서비스 음료의 종
    류 표현

⊘ 문법 알아보기
  • 의문대사 什么 / 접속사 和 / 어기조사 吧

Section 10   단거리 노선 음료 서비스 ···················· 78

🎯 학습목표
- 원하는 음료가 없을 때 다른 음료를 권유할 수 있다.
- refill을 권할 수 있다.

🎯 핵심표현
- ~ , 怎么样 ? / 소유의 유무를 표현 有, 没有 / refill 권유 표현 您还要一杯吗?

🎯 문법 알아보기
- 선택의문문 还是 / 결과보어 / 양사

Section 11   식사 서비스 ··························· 88

🎯 학습목표
- 식사메뉴를 소개하고 주문받을 수 있다.
- 후식인 tea, coffee를 권하고 주문받을 수 있다.
- 식사 회수 및 필요하신 것이 더 있는지 여쭤볼 수 있다.

🎯 핵심표현
- 您喜欢哪一种 ? / 您要喝 + 음료 + 吗? / 您还要别的吗?

🎯 문법 알아보기
- 조동사 可以 / 정도부사 很

Section 12   입국 서류 안내 ························· 98

🎯 학습목표
- 승객의 최종 목적지를 묻고 필요한 서류를 안내할 수 있다.
- 서류 작성 시 기입해야 하는 사항들을 안내할 수 있다.

🎯 핵심표현
- 서류 작성에 필요한 표현 请填写 및 단어 / 중국 내 취항 도시 중국어 표현

🎯 문법 알아보기
- 조동사 要 / 부사 也

Section 13   기내면세품 판매 1 ·· 108

  🕐 학습목표
    • 기내 면세품 책자를 안내할 수 있다.
    • 승객의 면세품 결제 방식을 물어볼 수 있다.
    • 환승 승객의 액체류 구입 규정을 설명할 수 있다.

  🕐 핵심표현
    • 기내에서 수수하는 화폐 단위 / 사과의 뜻으로 쓰이는 표현
    • 선택관계를 나타내는 접속사 还是

  🕐 문법 알아보기
    • 지시 대명사 / 인과관계 접속사 구문 因为 , 개사 因为 '~때문에'

Plus   액체류 반입 규정 ··· 117

Section 14   FAREWELL ··· 118

  🕐 학습목표
    • 착륙준비에 대해 안내할 수 있다.
    • 하기 시 좌석에 대기하도록 안내할 수 있다.
    • 감사의 마음을 담아 승객에게 하기인사를 할 수 있다.

  🕐 핵심표현
    • 축하와 기원을 담은 祝

  🕐 문법 알아보기
    • 부사 都 / 부사 正 /在/ 正在 : 지금 ~하는 중이다

Part 02
심화편

Section 15   기내에서 좌석안내 ·· 126

🕐 학습목표
- 좌석번호를 중국어로 말할 수 있다.
- 좌석번호에 따라 정확한 위치를 안내할 수 있다.
- 좌석에 잘못 앉으신 승객을 원래 좌석으로 안내할 수 있다.

🕐 핵심표현
- 좌석번호대로 정확한 위치를 안내하는 표현/중국어 숫자 표현

🕐 문법 알아보기
- 의문대사 多少/동사중첩 看看 / 太~ 了

Section 16   시간 & 시차 안내 ·· 138

🕐 학습목표
- 현재 시각을 말할 수 있다.
- 출 도착 시각을 말할 수 있다.
- 소요 시간을 말할 수 있다.
- 도시간의 시차 정보를 제공할 수 있다.

🕐 핵심표현
- 시간대를 구분하는 표현/행위의 발생 시각을 표현하는 방법
- 시차를 표현하는 방법/시간의 단위와 정도를 나타내는 표현

🕐 문법 알아보기
- 시각을 표현하는 방법 点 / 分 / 差 / 刻

Section 17   날씨 안내 ·· 148

🕐 학습목표
- 날씨를 표현할 수 있다.
- 온도를 말할 수 있다.
- 날씨로 인한 항공기 지연 사유를 안내할 수 있다.

Contents

✔ **핵심표현**
- 기본적으로 쓰이는 날씨 표현 / 동사 听说

✔ **문법 알아보기**
- 명사술어문 / 형용사술어문 / 접속사 如果

Section 18 기내서비스용품 안내 ································ 158

✔ **학습목표**
- 서비스용품의 유무와 위치를 안내할 수 있다.

✔ **핵심표현**
- 물건을 드릴 때 쓰는 표현 / 서비스아이템 명칭

✔ **문법 알아보기**
- 존재를 표현하는 동사 在, 有 / 연동문

Section 19 대표적인 한식소개 ································ 166

✔ **학습목표**
- 기내식 메뉴를 소개할 수 있다.
- 한식을 소개할 수 있다.
- 한식을 드시는 방법을 안내할 수 있다.

✔ **핵심표현**
- 기내식 종류 중국어 표현 / 스낵 종류 중국어 표현

✔ **문법 알아보기**
- 조동사 想

Section 20 특별 기내식 안내 및 서비스 ················ 174

✔ **학습목표**
- 특별 기내식 예약 여부를 확인할 수 있다.
- 특별 기내식 종류를 중국어로 말할 수 있다.
- 특별 기내식 메뉴를 소개할 수 있다.

🕐 핵심표현
　　• 특별 기내식 중국어 표현 / 예약 확인 표현

Section 21　2nd 식사서비스 / choice 불가 시 응대 ········· 182

🕐 학습목표
　　• 2nd 기내식 메뉴를 소개할 수 있다.
　　• 승객이 요청한 기내식을 제공할 수 없을 시 다른 메뉴를 추천할 수 있다.

🕐 핵심표현
　　• 没有 VS 没有了

🕐 문법 알아보기
　　• 동사 喜欢

Section 22　기내면세품 판매 2 ································· 188

🕐 학습목표
　　• 기내에서 수수하는 화폐를 알고 정확한 금액을 안내할 수 있다.
　　• 승객에게 기내면세품을 추천할 수 있다.

🕐 핵심표현
　　• 가격 표현/기내 면세품 목록

🕐 문법 알아보기
　　• 조동사 会/把자문

Plus　한국화장품 브랜드 ································· 198

Section 23　기내 엔터테인먼트 안내 ································· 200

🕐 학습목표
　　• AVOD/사용법을 설명할 수 있다.
　　• 기내에서 즐길 수 있는 엔터테인먼트를 소개할 수 있다.

✎ 핵심표현
* 好像

✎ 문법 알아보기
* 除了 A 以外还 B

Plus   엔터테인먼트 시스템 메뉴 ·· 208

Section 24   아프신 승객 응대 ··· 210

✎ 학습목표
* 승객의 몸 상태를 물어볼 수 있다.
* 승객의 신체 증상에 따라 적절한 약을 제공할 수 있다.
* 승객의 몸 상태의 호전 여부를 확인할 수 있다.

✎ 핵심표현
* 看起来 / 신체 증상과 약 이름

✎ 문법 알아보기
* 겸어문(사역문)을 만드는 동사 让 / 동사 觉得 VS 感觉

부록 ·· 220

* 항공사 메뉴북 중국어 표현 알기
* 기내방송
* 국내항공사 중국어 명칭
* 국내·중국 국제공항명칭

Part 01

기본편

CONTENTS

Section 01   오리엔테이션

Section 02   탑승인사 & 좌석안내

Section 03   자기소개 & Baby Bassinet안내

Section 04   비상구 좌석 안내

Section 05   짐 정리

Section 06   이륙 준비

Section 07   헤드폰과 신문 서비스

Section 08   화장실 위치와 사용 및 터뷸런스 시 안내

Section 09   장거리 노선 음료 서비스

Section 10   단거리 노선 음료 서비스

Section 11   식사 서비스

Section 12   입국 서류 안내

Section 13   기내면세품 판매 1

Section 14   FAREWELL

Section 01

오리엔테이션

✎ 학습목표

- 중국어의 기초발음, 성조, 성조변화의 원칙을 이해하고 발음할 수 있다.

- 중국어의 한어병음의 구조를 이해하고 보고 읽을 수 있다.

- 중국어의 품사, 문장성분, 기본 어순을 이해할 수 있다.

1. 중국어란?

1 한어 hànyǔ, 汉语

중국인들은 중국어를 '한어 Hànyǔ, 汉语'라고 부릅니다. '한어'는 '한족이 쓰는 언어'란 뜻으로 보통 표준어를 지칭하는 의미로 사용됩니다. 방언과 구별하여 표준어를 지칭할 경우에는 '보통화 pǔtōnghuà, 普通话'라는 명칭을 씁니다. 우리가 배우는 중국어가 바로 보통화입니다.

2 간체자

중국에서는 한자를 쉽게 배우고 익힐 수 있게 하기 위해서 간략화한 한자를 쓰고 있는데, 이것을 '간체자 jiǎntǐzì, 简体字' 라고 합니다.

$$漢語 \rightarrow 汉语$$

車	書	無	門
车	书	无	门

3 발음

뜻 글자인 한자를 쓰기 때문에 발음을 표기할 별도의 방법이 필요합니다. 현재 중국에서는 알파벳을 사용해 중국어의 발음을 표기하고 있습니다. 알파벳을 사용하여 성모, 운모, 성조를 모두 표시한 발음 표기법을 한어병음방안 Hànyǔ pīnyīn fāng'àn, 汉语拼音方案 이라고 합니다. 영어와 같은 로마자로 표기하지만 실제 발음은 영어와 많이 다르므로 주의해야 합니다.

성조   성조

空姐　kōng jiě

성모　운모　성모 운모

(1) 성모

- 중국어의 음절에서 첫머리에 오는 자음 - 21개

    Ex nin hao

b(o)	p	m	f
d	t	n	l
g	k	h	
j	q	x	
z	c	s	
zh	ch	sh	r

(2) 운모

- 중국어의 음절에서 성모를 제외한 나머지 부분 - 36개

    Ex ni hao

- 운모는 모음과 자음으로 이루어지기도 하며 음절의 끝자음은 우리말의 받침에 해당합니다.

    Ex zhuang xian hong

a	o	e	i	u	ü			
ai	ao	ou	an	ang	ei	en	eng	ong
ia	ie	in	iao	iou	ian	iang	ing	iong
ua	uo	uai	uei	uan	uen	uang	ueng	
üe	ün	üan	er					

🐼 Test

★ 성모는 동그라미 (O), 운모는 한 줄 (_)로 표시해보세요.

bu   ke   qi   mei   guan   xi   xian   sheng   xiao   jie

4 발음 연습

(1) 성모 연습

① 순음 : 윗입술과 아랫입술을 붙였다가 떼면서 내는 소리

순음	b(o)	p(o)	m(o)
발음	[뽀어]	[포어]	[모어]
예	bō luó	pí jiǔ	miàn bāo

② 순치음: 윗니를 아랫입술에 붙여 그 사이의 공기를 마찰시켜 내는 소리, 영어의 f발음

순치음	f(o)
발음	영어의 f발음 + 오어 [f오어]
예	fàng / bàn fàn

③ 설첨음: 혀끝을 윗니 뒤쪽에 대었다가 떼면서 내는 소리

설첨음	d(e)	t(e)	n(e)	l(e)
발음	[뜨어]	[트어]	[느어]	[르어]
예	dàlián	tiānjīn	jǐnán	lúndūn

④ 설근음: 혀 안쪽을 목젖 가까이 붙였다 떼면서 내는 소리

설근음	g(e)	k(e)	h(e)
발음	[끄어]	[크어]	[흐어]
예	gěi	kělè	hē

⑤ 설면음: 입을 양옆으로 길게 벌리고 혓바닥과 입천장이 닿으면서 내는 소리

설면음	j(i)	q(i)	x(i)
발음	[지이]	[치이]	[시이]
예	dēngjī	qǐng	yíxià

⑥ 권설음: 혀의 중간이 입천장에 닿기 전까지 말아 올린 후 입 모양과 혀 위치를 유지
   한 채 내는 소리
   r은 영어의 r 발음과 비슷함

권설음	zh(i)	ch(i)	sh(i)	r(i)
발음	[즈]	[츠]	[스]	[르]
예	zhè	chī	shì	rìyuán

⑦ 설첨전음: 혀끝을 윗니 안쪽에 붙였다 떼면서 내는 소리

설첨전음	z(i)	c(i)	s(i)
발음	[쯔]	[츠]	[쓰]
예	háizi	cān	sì

(2) 운모 연습

① 단운모: 한 개의 모음으로 이루어진 운모

단운모	a[아]	o[어]	E[으어]	i[이]	u[우]	ü[위]
예	māma	pò	hē	jī	fù	lǜchá

② 복운모: 두 개의 모음으로 이루어진 운모
   앞쪽의 모음은 길게, 뒤쪽의 모음은 짧게 소리 냄

복운모	ai[아이]	ei[에이]	ao[아오]	ou[어우]
예	zài	méi	hǎo	zǒu

③ 비운모: 콧소리가 나는 음인, n / ng과 결합하여 만들어진 운모

비운모	an[안]	en[으언]	ang[앙]	eng[으엉]	ong[옹]
예	ānquán	wǒmen	máng	kěnéng	Zhōngguó

④ 권설운모: 혀끝을 말아 올려 경구개에 가까이 대고 발음하는 운모 / 우리말의 '얼' 처
   럼 발음한다.

권설운모	er
예	èr / ěrjī

⑤ **결합운모**: 두 개의 모음이 합쳐져 이중 모음의 소리가 나는 것으로, 앞쪽의 모음은 짧게, 뒤쪽의 모음은 길게 소리 낸다.

i(Y) 결합운모	u(W) 결합운모	ü(YU) 결합운모
• i + a → ya [이아] • i + e → ye [이에] • i + ao → yao [이아오] • i + ou (iu) → you [이오우] • i + an → yan [이엔] • i + en → yin [인] • i + ang → yang [이앙] • i + eng → ying [잉] • i + ong → yong [이옹]	• u + a → wa [우아] • u + o → wo [우어] • u + ai → wai [우아이] • u + ei (ui) → wei [우에이] • u + an → wan [우안] • u + en (un) → wen [운] • u + ang → wang [우앙] • u + eng → weng [우엉]	• ü + e → yue [위에] • ü + an → yuan [위엔] • ü + en → yun [윈]

예	• nàbiān / yǐnliào	• wánle / huānyíng	• měiyuán / yùndòng
운모 규칙	성모 없이 i로 시작하는 운모는 i → y로 표기한다. 단 in, ing은 i → yi로 표기한다. iou 앞에 성모가 올 때는 'iu' 로 표기한다.	성모 없이 u로 시작하는 운모는 u → w로 표기한다. uei 와 uen 앞에 성모가 올 때는 각각 'ui' 'un'으로 표기한다.	ü 앞에 성모 j, q, x가 오면 u로 표기하며 발음은 ü [위] 예) qù, yóu jú, xū yào

운모 i, u, ü가 단독으로 쓰일 때는 yi, wu, yu 로 표기한다.

(3) 성모와 운모의 결합

① an [안] vs -ian [이앤]의 발음 비교

an [안]	an [안]	ban [빤]	dan [딴]	pan [판]	tan [탄]
ian [이엔]	yan [이앤]	bian [비앤]	dian [띠앤]	pian [피앤]	tian [티앤]

② uan의 발음 변화

j, q, x, y + uan [위엔]	yuan	juan	quan	xuan
	위엔	쥐엔	취엔	쉬엔
기타성모 + uan [우안]	huan	tuan	zhuan	chuan
	후안	투안	쭈안	추안

③ i 발음 변화

zi	ci	si	zhi	chi	shi	ri
쯔	츠	스	쯔으	츠으	스으	르으

5 성조

(1) 성조란?

중국어는 음절 하나하나마다 높낮이가 다른데, 이 높낮이의 변화를 성조 라고 합니다. 성조에는 네 가지 종류가 있으며 발음이 같아도 성조가 다르면 뜻이 완전히 달라집니다.

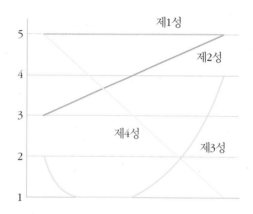

성조유형	표기법	발음 방법	예문
제 1성	ā	처음부터 끝까지 높고 평평하게 발음	妈 mā 엄마 / 飞机 fēijī 비행기
제 2성	á	낮은 음에서 높은 음으로 끌어올리며 발음	麻 má 삼베 (마) / 柠檬 níngméng 레몬
제 3성	ǎ	가장 낮은 음으로 내렸다가 살짝 끝은 올려 발음	马 mǎ 말 / 请 qǐng 영어의 please
제 4성	à	높은 음에서 낮은 음으로 끌어내리며 발음	骂 mà 욕하다, 꾸짖다 / 这 zhè 이, 이것
경성	-	짧고 가볍게 발음	吗 ma 의문조사 / 杯子 bēizi 잔

(2) 성조 표기 규칙

① 성조는 운모 위에 표기합니다.

　Ex 他 tā　　能 néng

② 운모가 두 개 이상일 경우 발음할 때 입을 가장 크게 벌리는 운모 위에 표기합니다.

$$a > o = e > i = u = ü$$

　Ex 好 hǎo　　没 méi　　走 zǒu

③ i, u가 함께 있을 때는 뒤에 오는 운모에 표기합니다.

　Ex 就 jiù　　对 duì　　会 huì

④ i 위에 성조를 표기할 때는 위의 점을 없애고 성조만 표기합니다.

　Ex 你 nǐ　　最 zuì

(3) 성조 변화

① 一 [yī]의 성조 변화

一 [yī] +	1,2,3성 → 4성으로 변화	**Ex** 一起 yìqǐ / 一杯 yìbēi / 一年 yìnián
	4성 → 2성으로 변화	**Ex** 一共 yígòng 一块 yíkuài

② 不 [bù]의 성조 변화

不 [bù] +	1,2,3성 → 원래의 4성	**Ex** 不好 bùhǎo / 不来 bùlái / 不喝 bùhē
	4성 → 2성으로 변화	**Ex** 不是 búshì / 不客气 búkèqi / 不要 búyào

③ 3성의 성조변화

제3성 + 제3성	제2성 + 제3성	**Ex** 你好 nǐhǎo 很好 hěnhǎo
제3성 + 제1,2,4성과 경성	반 3성 + 제1,2,4성과 경성	**Ex** 你们 nǐmen 很大 hěndà
※ 반 3성: 3성의 성조가 아래로 내려가기만 하고 올라가지 않게 발음함 3성의 성조 변화는 성조표기는 변하지 않으며 발음만 변함		

④ 경성

• 가볍고 짧게 발음되는 성조로 일정한 높이를 갖고 있지 않으며 앞에 오는 음절의 높이에 따라 음의 높이가 달라집니다. 별도의 성조 표기는 하지 않습니다.

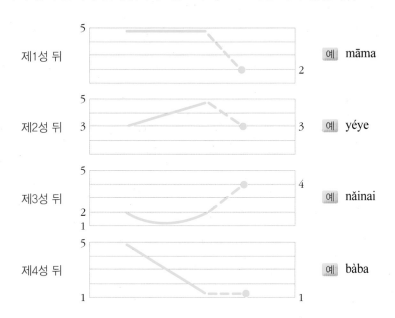

제1성 뒤	예 māma
제2성 뒤	예 yéye
제3성 뒤	예 nǎinai
제4성 뒤	예 bàba

가족명칭으로 경성을 익혀봅시다.

妈妈 māma 엄마	爸爸 bàba 아빠	爷爷 yéye 할아버지	奶奶 nǎinai 할머니
哥哥 gēge 형, 오빠	弟弟 dìdi 남동생	姐姐 jiějie 누나, 언니	妹妹 mèimei 여동생
伯伯 bóbo 큰아버지	叔叔 shūshu 작은아버지	姑姑 gūgu 고모	舅舅 jiùjiu 외삼촌
姥爷 lǎoye 외할아버지	姥姥 lǎolao 외할머니	孙子 sūnzi 손자	儿子 érzi 아들

이름, 지명 등 특수한 성조의 변화: 세 글자로 된 인명 혹인 지명에서 두 번째 글자는 경성으로 읽어준다.

• 东大门 【Dōngdàmén】 → 【Dōngdamén】

• 哈尔滨 【Hā'ěrbīn】 → 【Hā'erbīn】

한어병음표

구분		단운모							권설운모
		a	o	e	i	-i	u	ü	er
순음	b	ba	bo		bi		bu		
	p	pa	po		pi		pu		
	m	ma	mo	me	mi		mu		
순치음	f	fa	fo				fu		
	d	da		de	di		du		
	t	ta		te	ti		tu		
설첨음	n	na		ne	ni		nu	nü	
	l	la		le	li		lu	lü	
	g	ga		ge			gu		
설근음	k	ka		ke			ku		
	h	ha		he			hu		
	j				ji			ju	
설면음	q				qi			qu	
	x				xi			xu	
	zh	zha		zhe		zhi	zhu		
	ch	cha		che		chi	chu		
권설음	sh	sha		she		shi	shu		
	r			re		ri	ru		
	z	za		ze		zi	zu		
설첨전음	c	ca		ce		ci	cu		
	s	sa		se		si	su		
		a	o	e	yi		wu	yu	er

구분		복운모				비운모				
		ai	ei	ao	ou	an	en	ang	eng	ong
순음	b	bai	bei	bao		ban	ben	bang	beng	
	p	pai	pei	pao	pou	pan	pen	pang	peng	
	m	mai	mei	mao	mou	man	men	mang	meng	
순치음	f		fei		fou	fan	fen	fang	feng	
설첨음	d	dai	dei	dao	dou	dan	den	dang	deng	dong
	t	tai		tao	tou	tan		tang	teng	tong
	n	nai	nei	nao	nou	nan	nen	nang	neng	nong
	l	lai	lei	lao	lou	lan		lang	leng	long
설근음	g	gai	gei	gao	gou	gan	gen	gang	geng	gong
	k	kai	kei	kao	kou	kan	ken	kang	keng	kong
	h	hai	hei	hao	hou	han	hen	hang	heng	hong
설면음	j									
	q									
	x									
권설음	zh	zhai	zhei	zhao	zhou	zhan	zhen	zhang	zheng	zhong
	ch	chai		chao	chou	chan	chen	chang	cheng	chong
	sh	shai	shei	shao	shou	shan	shen	shang	sheng	
	r			rao	rou	ran	ren	rang	reng	rong
설첨전음	z	zai	zei	zao	zou	zan	zen	zang	zeng	zong
	c	cai		cao	cou	can	cen	cang	ceng	cong
	s	sai		sao	sou	san	sen	sang	seng	song
		ai	ei	ao	ou	an	en	ang	eng	ong

구분		결합운모 (i + 운모)								
		ia	ie	iao	iou(iu)	ian	in	iang	ing	iong
순음	b		bie	biao		bian	bin		bing	
	p		pie	piao		pian	pin		ping	
	m		mie	miao	miu	mian	min		ming	
순치음	f									
설첨음	d		die	diao	diu	dian			ding	
	t		tie	tiao		tian			ting	
	n		nie	niao	niu	nian	nin	niang	ning	
	l	lia	lie	liao	liu	lian	lin	liang	ling	
설근음	g									
	k									
	h									
설면음	j	jia	jie	jiao	jiu	jian	jin	jiang	jing	jiong
	q	qia	qie	qiao	qiu	qian	qin	qiang	qing	qiong
	x	xia	xie	xiao	xiu	xian	xin	xiang	xing	xiong
권설음	zh									
	ch									
	sh									
	r									
설첨 전음	z									
	c									
	s									
		ya	ye	yao	you	yan	yin	yang	ying	yong

구분		결합운모(u + 운모)								결합운모 (ü + 운모)		
		ua	uo	uai	uei(ui)	uan	uen(un)	uang	ueng	üe	üan	ün
순음	b											
	p											
	m											
순치음	f											
설첨음	d		duo		dui	duan	dun					
	t		tuo		tui	tuan	tun					
	n		nuo			nuan				nüe		
	l		luo			luan	lun			lüe		
설근음	g	gua	guo	guai	gui	guan	gun	guang				
	k	kua	kuo	kuai	kui	kuan	kun	kuang				
	h	hua	huo	huai	hui	huan	hun	huang				
설면음	j									jue	juan	jun
	q									que	quan	qun
	x									xue	xuan	xun
권설음	zh	zhua	zhuo	zhuai	zhui	zhuan	zhun	zhuang				
	ch	chua	chuo	chuai	chui	chuan	chun	chuang				
	sh	shua	shuo	shuai	shui	shuan	shun					
	r	rua	ruo		rui	ruan	run					
설첨전음	z		zuo		zui	zuan	zun					
	c		cuo		cui	cuan	cun					
	s		suo		sui	suan	sun					
		wa	wo	wai	wei	wan	wen	wang	weng	yue	yuan	yun

2. 중국어 문장

1 중국어 품사

중국어에는 명사名词, 대명사代词, 동사动词, 조동사助动词, 형용사形容词, 수사 数词, 양사量词, 부사副词, 개사介词 전치사, 연사连词 접속사, 조사助词, 감탄사感叹词, 의성사拟声词 등의 품사가 있습니다.

★**명사:** 사물의 이름

시간사=시간을 나타내는 낱말 '今天', 요일 등.

처소사= 서울, 북경 같은 지명, 도서관 학교 같은 장소.

방위사=안에 '里', 위에 '上' 같은 방향을 나타내는 낱말.

★**대명사:** 인칭대명사(나, 너, 우리 등)。 지시대명사(사물 장소 시간을 대신해서 쓰는).

★**동사:** 동작의 행위, 존재, 관계를 나타내는 낱말.

★**조동사:** (능원동사)동사를 돕는 역할을 함. 염원 바램. 동사 앞에 와서 쓰임.

★**형용사: 성질 형용사**= 사람이나 사물의 상태를 나타내는 낱말.

상태 형용사= 사람이나 사물의 상태를 나타내는 낱말.

비술어 형용사= 관형어로 쓰이는 형용사 중 술어가 될 수 없는 낱말.

★**수사:** 수를 나타내는 낱말.

★**양사:** 사람이나 사물의 수량인 단위 횟수를 나타내는 낱말.

★**부사:** 동사나 형용사를 수식하는 낱말.

★**개사: 전치사**=명사나 대명사 앞에 쓰여 술어의 시간, 방향, 장소, 대상 등을 나타내는 말.

★**연사: 접속사**= 낱말, 구, 절, 문장을 연결하는 낱말.

★**조사:** 낱말, 문장, 구 뒤에서 구조, 어조, 상태를 나타내는 말.

★**감탄사:** 느낌, 부름, 대답을 나타내는 낱말.

★**의성사:** 소리를 흉내내는 말.

2 문장 성분

중국어의 문장 성분은 주어主语, 술어谓语, 목적어宾语, 관형어定语, 부사어状语, 보어补语로 나뉩니다.

我的　妈妈　//　昨天　来　到了　我(的)　家
관형어 + 주어　//　부사어 + 술어 + 보어 + 관형어 + 목적어

★**주어:** 문장에서 서술어의 대상으로, 서술어가 나타내는 동작이나 상태의 주체가 되는 말 '妈妈'

★**술어:** 주어에 대해 진술하는 부분으로 주어의 동작, 상태, 성질 따위를 서술하는 말 '来'

★**목적어:** 동사의 동작 대상이 되는 말 '家'

★**관형어:** 체언(명사, 대명사, 수사)을 꾸며주는 말로 소유, 성질, 수량 등을 나타냄 '我的'

★**부사어:** 용언(동사, 형용사)을 꾸며주는 말로 정도, 방식, 시간, 장소, 상태 등을 나타냄 '昨天'

★**보어:** 보어는 술어(동사, 형용사)뒤에 놓여 의미를 보충 설명하는 역할로 결과, 방향, 가능, 상태, 정도, 수량 등을 나타냄 '到了'

3 중국어의 기본 어순

어순		한국어 주어 + 조사 + 목적어/조사 + 술어	중국어 주어 + 술어 + 목적어
예문	긍정문	안녕하세요 나는 당신을 사랑합니다	**你　　好** 주어 ＋ (형용사)술어 **我　爱　你** 주어 + 술어 + 목적어 ※ 동사와 형용사가 술어의 자리에 올 수 있다
	부정문	나는 당신을 사랑하지 않습니다	**我　不　爱　你** 주어 + **부정부사 不** + 술어 + 목적어 ※ 동사 앞에 부정부사를 사용하여 부정문을 만든다
	의문문	당신은 나를 사랑하십니까?	**你　爱　我　吗** 주어 + 술어 + 목적어 + 의문조사 ※ 서술문 끝에 의문조사를 써서 의문문을 만든다
조사		은/ 는/ 이/가 -주격조사, 을/를 -목적격 조사 → 주어, 목적어 등의 성격이 조사를 통해 결정된다	→ 한국어의 조사에 해당하는 문장성분이 없음
동사의 형태변화		사랑하다, 사랑한다, 사랑했다, 사랑하며, 사랑하고, 사랑하지만 등등 의미에 따라 어미 형태가 바뀐다	동'사의 형태가 변하지 않고 '爱' 한 글자로 모든 표현이 가능함

아시아	
【한국 韩国 Hánguó】	**【중국 中国 Zhōngguó • 홍콩 香港 Xiānggǎng • 대만台湾 Táiwān 】**
서울 首尔 Shǒu'er	베이징 北京 Běijīng
김포 金浦 Jīnpǔ	상하이 上海 Shànghǎi
부산 釜山 Fǔshān	광저우 广州 Guǎngzhōu
대구 大邱 Dàqiū	청두 成都 Chéngdū
광주 光州 Guāngzhōu	충칭 重庆 Chóngqìng
인천 仁川 Rénchuān	칭다오 青岛 Qīngdǎo
대전 大田 Dàtián	우한 武汉 Wǔhàn
울산 郁山 Yùshān	텐진 天津 Tiānjīn
포항 浦项 Pǔxiàng	샤먼 厦门 Xiàmén
제주도 济州岛 Jìzhōudǎo	선양 沈阳 Shěnyáng
【일본 日本 Rìběn】	옌지 延吉 Yánjí
동경 东京 Dōngjīng	선전 深圳 Shēnzhèn
오사카 大阪 Dàbǎn	하이코우 海口 Hǎikǒu
후쿠오카 福冈 Fúgāng	홍콩 香港 Xiānggǎng
【동남아시아 东南亚 Dōngnányà】	마카오 澳门 Àomén
싱가포르 新加坡 Xīnjiāpō	타이베이 台北 Táiběi
쿠알라룸푸르 吉隆坡 Jílóngpō	
하노이 河内 Hénèi	
자카르타 雅加达 Yǎjiādá	
방콕 曼谷 Màngǔ	
푸켓 普吉岛 Pǔjídǎo	
마닐라 马尼拉 Mǎnílā	

미주 · 캐나다	
【미국 美国 Měiguó】	【캐나다 加拿大 Jiānádà】
뉴욕 纽约 Niǔyuē	벤쿠버 温哥华 Wēngēhuá
보스턴 波士顿 Bōshìdùn	토론토 多伦多 Duōlúnduō
시애틀 西雅图 Xīyǎtú	몬트리올 蒙特利尔 Méngtèlì'ěr
댈러스 达拉斯 Dálāsī	
워싱턴 华盛顿 Huáshèngdùn	
호놀룰루 火奴鲁鲁 Huǒnúlǔlǔ	
시카고 芝加哥 Zhījiāgē	
로스앤젤레스 洛杉矶 Luòshānjī	

샌프란시스코 圣弗朗西斯科 Shèngfúlǎngxīsīkē
旧金山 Jiùjīnshān

라스베가스 拉斯维加斯 Lāsīwéijiāsī

유럽	
런던 伦敦 Lúndūn	뮌헨 慕尼黑 Mùníhēi
파리 巴黎 Bālí	모스크바 莫斯科 Mòsīkē
로마 罗马 Luómǎ	마드리드 马德里 Mǎdélǐ
밀라노 米兰 Mǐlán	바르셀로나 巴塞罗那 Bāsàiluónà
암스테르담 阿姆斯特丹 Āmǔsītèdān	취리히 苏黎世 Sūlíshì
프랑크푸르트 法兰克福 Fǎlánkèfú	프라하 布拉格 Bùlāgé

대양주	
시드니 悉尼 Xīní	괌 关岛 Guāndǎo
맬버른 墨尔本 Mò'ěrběn	사이판 塞班岛 Sàibāndǎo
오클랜드 奥克兰 Àokèlán	브리즈번 布里斯班 Bùlǐsībān

대양주	
두바이 迪拜 Díbài	이스탄불 伊斯坦布尔 Yīsītǎnbù'ěr
도하 多哈 Duōhā	앙카라 安卡拉 Ānkǎlā
아부다비 阿布扎比 Ābùzhābǐ	카이로 开罗 Kāiluó

Section 02

탑승인사 & 좌석안내

✓ **학습목표**
- 탑승 시 중국 승객에게 환영인사를 건넬 수 있다.
- 경어를 사용하여 탑승권을 확인하고, 승객의 좌석 위치를 안내할 수 있다.

✓ **핵심표현**
- 환영인사 欢迎登机 / 인칭표현 / 경어 请 / 탑승권에 있는 중국어 표현

✓ **문법 알아보기**
- 지시대명사 / 방위명사

 서비스 이해하기

탑승은 비행기 출발시각 30-40분 전에 시작하여 Door Close 10분 전에 탑승을 마감합니다. 퍼스트, 비즈니스 승객과 UM등 도움이 필요한 승객들이 우선 탑승하며 원활한 탑승을 위해 이코노미 클래스 후방 좌석 승객부터 탑승합니다. 탑승준비를 마친 승무원은 각자 정해진 POSITION에 STAND-BY하여 밝은 미소와 다양한 인사말로 승객들에게 탑승 환영인사 및 좌석을 안내합니다.

🐼 회화 1

乘务员: 您好! 欢迎登机。请出示登机牌。
Nínhǎo! Huānyíng dēngjī. Qǐng chūshì dēngjīpái.

乘客: 你好!
Nǐhǎo!

乘务员: 请 这边走。
Qǐng zhèbian zǒu.

🔍 **교체연습**

※1 早上好 zǎoshang hǎo
晚上好 wǎnshang hǎo

※2 那边 nàbiān
上楼 shànglóu

🐼 단어 1

- 你 nǐ [대] 당신, 너
- 您 nín [대] 당신의 높임 말
- 好 hǎo [형] 좋다
- 欢迎 huānyíng [동] 환영하다.
- 登机 dēngjī [동] 비행기에 탑승하다
- 请 qǐng [동] 청하다. 부탁하다
- 出示 chūshì [동] 내보이다. 제시하다
- 登机牌 dēngjīpái [명] 탑승권
- 这 zhè [대] 이

- 那 nà [대] 저
- 边 biān [대] ~쪽, ~측
- 这边 zhèbian [대] 여기, 이쪽
- 那边 nàbian [대] 저기, 저쪽
- 走 zǒu [동] 가다, 걷다
- 上楼 shànglóu [명]위층
  [동] 위층으로 올라가다
- 乘务员 chéngwùyuán [명] 승무원
- 乘客 chéngkè [명] 승객

회화 2 - 탑승권 확인을 거부하는 경우

乘务员: 不好意思。 为了安全，请出示登机牌。

Bùhǎoyìsi. Wèile ānquán, qǐng chūshì dēngjīpái.

乘客: 好的。

Hǎode.

乘务员: 谢谢您的合作。

Xièxie nínde hézuò.

 단어 2

· 不好意思 bùhǎoyìsi 실례합니다, 미안합니다

· 为了 wèile ~을 위해

· 安全 ānquán [명] 안전, 보안

· 好的 hǎode 네 알겠습니다

· 谢谢 xièxie [동] 감사합니다, 고맙습니다

· 的 de [조] ~의

· 合作 hézuò [동] 협조하다, 협력하다, 도와주다

🐼 핵심표현

1 인칭표현

	단수	복수
1인칭	我 wǒ 나	我们 wǒmen 우리
2인칭	你 nǐ 너, 당신 您 nín 당신(존칭)	你们 nǐmen 너희들, 당신들
3인칭	他 tā 그 她 tā 그녀	他们 tāmen 그들 她们 tāmen 그녀들

2 인사말

• 你好 **nǐhǎo**는 한국어의 '안녕하세요?' 와 같은 가장 일반적인 인사 표현입니다.

• 이 외에도 상황에 따라 자주 쓰는 인사말들이 있습니다.

아침인사	早! / 早上好! **Zǎo! Zǎoshang hǎo!**
오후인사	下午好! **Xiàwǔ hǎo!**
저녁인사	晚上好! **Wǎnshang hǎo!**

3 경어 请

• 상대방에게 어떤 일을 부탁하거나 권할 때 쓰는 경어로, 영어의 '**please**'에 해당되는 표현입니다.

请这边走。 **Qǐng zhèbian zǒu.** 이쪽으로 가십시오.

请等一下. **Qǐng děng yí xià.** 기다려 주시겠습니까?

机票	jīpiào	비행기표
姓名	xìngmíng	성명
日期	rìqī	날짜
到达站	dàodázhàn	목적지
座位号	zuòwèihào	좌석번호
序号	xùhào	넘버, 시리얼 넘버
票号	piàohào	티켓 넘버
航班号	hángbānhào	항공편
登机口	dēngjīkǒu	탑승구
登机时间	dēngjīshíjiān	탑승시간
等级 / 舱位	děngjí / cāngwèi	클래스/ 객석, 좌석

1 지시대명사

사람, 사물, 장소를 가리키는 말입니다. 가까운 곳을 가리킬 때는 [这里 zhèlǐ] 을 사용하고, 먼 곳을 가리킬 때는 [那里 那里nàlǐ] 을 사용합니다.

사물		방향		장소	
这(个) zhè(ge)	이(것)	这边 zhèbiān	이쪽	这里 zhèlǐ	여기
那(个) nà(ge)	저(것)	那边 nàbiān	저쪽	那里 nàlǐ	저기/ 거기
哪(个) nǎ(ge)	어느(것)	哪边 nǎbiān	어느 쪽	哪里 nǎlǐ	어디

2 기타 방위명사

右边 yòubian 오른쪽	前边 qiánbian 앞쪽	上边 shàngbian 위쪽	中间 zhōngjiān 중간	对面 duìmiàn 맞은편
左边 zuǒbian 왼쪽	后边 hòubian 뒤쪽	下边 xiàbian 아래쪽	旁边 pángbian 옆	附近 fùjìn 근처

©www.hanol.co.kr

★ 중국어로 탑승 환영인사, 탑승권 확인, 좌석안내 업무를 수행해봅시다.

★ 중국 승객이 탑승권 확인을 거부하는 상황에 알맞게 응대해 봅시다.

★ 您好 [Nín hǎo] 안녕하십니까?

★ 欢迎登机 [Huānyíng dēngjī] 어서 오십시오.

★ 好的 [Hǎode] 네 알겠습니다.

★ 请问 [Qǐngwèn] 잠깐 여쭤보겠습니다/실례합니다.

★ 谢谢 [Xièxie] 감사합니다.

★ 不客气 [Búkèqi] 천만에요

★ 对不起 [Duìbuqǐ] 죄송합니다.

★ 没关系[Méiguānxi] 괜찮습니다.

★ 很抱歉 [Hěnbàoqiàn] 대단히 죄송합니다.

★ 请 [Qǐng] 영어 please의 표현

★ 再见 [Zàijiàn] 안녕히 가십시오.

★ 祝您好运 [Zhù nín hǎoyùn] 행운이 있길 바랍니다.

★ 一路平安 [Yí lù píng'ān] 가시는 길 평안하시길 바랍니다.

자기 소개 &
Baby Bassinet 안내

 학습목표
- 담당구역 승객에게 자기소개를 할 수 있다.
- 유아동반 승객에게 Baby Bassinet 장착에 관해 안내할 수 있다.

핵심표현
- 소개 표현 我是 ~ / Baby Bassinet 장착 안내 표현

문법 알아보기
- 동사 是 / 동사 给

 서비스 이해하기

담당 ZONE에 VIP승객 및 스페셜 케어가 필요한 승객이 있다면 승무원은 해당 승객에게 자기 소개를 함으로 긍정적인 라포를 형성하여 승객에게 보다 큰 신뢰를 줄 수 있다. 특히 유아동반승객은 비행에 큰 부담을 가지고 있고, 예상치 못한 아이의 반응으로 힘든 여정을 경험할 수 있으므로 승무원의 보다 세심한 서비스와 응대가 필요합니다.

🐼 회화 1

乘务员: 您好，我是负责这里的乘务员 ○○○。

Nínhǎo，wǒ shì fùzé zhèlǐ de chéngwùyuán ○○○.

안녕하십니까, 저는 이곳 담당승무원 ○○○ 입니다.

起飞以后，给您安装婴儿床(摇篮)。

Qǐfēi yǐhòu，gěi nín ānzhuāng yīng'érchuáng(yáolán).

이륙후에 아기 바구니 설치해드리겠습니다.

颠簸时，请抱好您的孩子。

Diānbǒ shí，qǐng bàohǎo nín de háizi.

비행기가 흔들릴 시 자녀를 안아주십시오.

乘客: 好的，谢谢。

Hǎode，xièxie.

네, 감사해요.

🐼 단어 1

- 是 shì [동] ~이다
- 负责 fùzé [동] 책임지다, 담당하다
- 这里 zhèlǐ [대] 여기, 이곳
- 乘务员 chéngwùyuán [명] 승무원
- 起飞 qǐfēi [동] 이륙하다
- 以后 yǐhòu [명] 이후
- 给 gěi [동] 주다, ~해 드리다

- 安装 ānzhuāng [동] 설치하다
- 婴儿床 yīng'érchuáng [명] 아기침대
- 摇篮 yáolán 요람
- 颠簸 diānbǒ [동] 흔들리다, 요동하다
- 时 shí [명] 때, 시간, 동안
- 抱 bào [동] 안다, 포옹하다
- 孩子 háizi [명] 어린이, 자녀

1 담당승무원 소개

　항공사 승무원들은 매 비행 시 담당 **Class** 및 **Zone**에서 일을 하게 됩니다. 본인이 담당하는 구역에 **VIP** 승객이나, 도움이 필요한 승객, 특별히 도움을 요청한 승객이 있다면 세심하게 살펴야 하며 해당 승객들에게 탑승 이후 개별 인사를 통해 담당 승무원이 누구인지 확인시켜 드립니다.

— 您好，我是负责这里的乘务员〇〇〇。

　nínhǎo, wǒ shì fùzé zhèlǐ de chéngwùyuán ○ ○ ○.

　나의 중국어 이름을 찾아봅시다.

한국어 이름 + 한자		
간체자		
한어병음		

2 Baby Bassinet 장착 안내

　국제선을 이용하는 신장 76cm이하, 몸무게 14kg미만인 생후 7일부터 만2세 유아를 동반한 승객에게 **Baby- Bassinet**을 제공하고 있습니다. **Bulkhead seat**에 장착이 가능하며, 유아를 보호할 수 있는 장치가 없으므로, 난기류 통과할 시 반드시 좌석벨트를 착용한 부모가 아이를 안아주어야 합니다. 따라서 담당승무원은 부모에게 **Baby-bassinet** 장착 안내 및 난기류 통과 시 아이를 안아주어야 한다는 내용까지 안내해드립니다.

　起飞以后，给您安装婴儿床(摇篮)。
　Qǐfēi yǐhòu, gěi nín ānzhuāng yīng'érchuáng(yáolán).

　颠簸时，请抱好您的孩子。
　Diānbǒ shí, qǐng bàohǎo nín de háizi.

1 동사 是

- 동사 '是'는 'A 是 B'의 형식으로 쓰여 'A는 B이다' 라는 의미를 나타냅니다.

- 부정은 동사 '是' 앞에 '不'를 붙여 'A 不是 B' 형식으로, 'A는 B가 아니다' 라는 의미를 나타냅니다.

- 의문문은 의문조사 '吗'를 사용하거나, '是不是' 형식의 정반의문문으로 나타냅니다.

긍정문	주어 + 是 + 목적어	我是乘务员。 Wǒ shì chéngwùyuán.
부정문	주어 + 不是 + 목적어	我不是乘务员。 Wǒ bú shì chéngwùyuán.
의문문	주어 + 是 + 목적어 + 吗	你是乘务员吗? Nǐ shì chéngwùyuán ma?
정반의문문	주어 + 是不是 + 목적어	你是不是乘务员。 Nǐ shì bu shì chéngwùyuán.

2 동사 给

- 동사 '给'는 '주다, ~해 드리다'라는 뜻으로 두 개의 목적어를 갖는 동사입니다.

주어	술어 동사	목적어	
		간접목적어 + 직접목적어	
		[사람]	[사물, 호칭]
我 wǒ	给 gěi	您 nín	中文报纸。 zhōngwén bàozhǐ.

©www.hanol.co.kr

⭐유아동반 승객 탑승 시 자기소개 및 아기 바구니 설치 안내를 해봅시다.

PLUS 중국인의 성

중국의 20대 성씨

1	李 lǐ 이	11	林 lín 림/임
2	王 wáng 왕	12	高 gāo 고
3	张 zhāng 장	13	罗 luó 라
4	杨 yáng 양	14	何 hé 하
5	陈 chén 진	15	朱 zhū 주
6	黄 huáng 황	16	胡 hú 호
7	周 zhōu 주	17	马 mǎ 마
8	赵 zhào 조	18	孙 sūn 손
9	刘 liú 류/유	19	徐 xú 서
10	吴 wú 우	20	郭 guō 곽

항공사마다 상용고객들에게는 기내에서 승무원이 간단한 인사 및 WELCOME 서비스를 하고 비행하는 동안 세심하게 서비스합니다. 또한 먼저 받은 리스트를 통해 승객 성함을 확인하고 서비스 시 승객의 이름을 확인하기도하고 부르기도 합니다. 중국 승객의 성을 부를 때는 반드시 성조에 주의하고, 승객의 전체 이름을 부르지 않고 성 뒤에 先生 Xiānsheng, 女士 Nǚshì, 老师 Lǎoshī, 등을 붙여 부릅니다.

★ VIP LIST 贵宾名单 guìbīnmíngdān

Section 04

비상구 좌석 안내

 학습목표

- 비상구 좌석에 앉은 승객에게 안전카드를 제공하고 안내할 수 있다.

- 비상구 좌석에 부적합한 승객이 앉아있을 경우 설명하고 좌석을 바꿔드릴 수 있다.

 핵심표현

- 很抱歉给你们带来 … / 同意吗?

 서비스 이해하기

　　비상구 좌석 착석 승객은 비상시 승무원을 도와 다른승객의 탈출을 도울 의무가 있습니다. 발권 시 지상승무원에게 안내를 받고 동의와 사인을 하는 절차가 있으나 기내에서 승무원이 한번 더 안내하고 확인 후 동의를 받아야합니다. 만약 동의하지 않거나 만 15세 이하의 어린이, 임산부, 환자, 의사소통 불가 등 다른 승객을 도울 수 없는 승객이 배정될 경우 반드시 좌석 변경을 해야합니다. 또한 비상구 좌석 주변은 비상시 탈출구로 사용되기 때문에 좌석 밑이나 주변 공간에 짐을 놓지 않도록 안내해야합니다.

乘务员: 您坐的是飞机的紧急出口座位。

Nín zuòde shì fēijī de jǐnjíchūkǒu zuòwèi.

손님이 앉은 곳은 비행기의 비상구 좌석입니다.

紧急状况时，需要帮助我们乘务员。您同意吗?

Jǐnjí zhuàngkuàng shí，xūyào bāngzhù wǒmen chéngwùyuán. nín tóngyì ma?

긴급상황 시, 저희 승무원을 도와주셔야 합니다. 동의하십니까?

乘客: 好的。

Hǎode.

네, 알겠습니다.

(Safety information card를 건네며)

乘务员: 请您阅读一下，安全须知卡。

Qǐng nín yuèdú yíxià，ānquán xūzhīkǎ.

안내카드를 읽어 주시기 바랍니다.

谢谢您的配合。

Xièxie nín de pèihé.

협조해 주셔서 감사합니다.

- 坐 zuò [동] 앉다
- 紧急出口 jǐnjíchūkǒu [명] 비상구
- 座位 zuòwèi [명] 좌석
- 须知卡 xūzhīkǎ [명] 안내카드
- 帮助 bāngzhù [동] 도와주다
- 状况 zhuàngkuàng [명] 상황

- 情况 qíngkuàng [명] 정황
- 同意 tóngyì [명] 동의 [동] 동의, 승인하다
- 需要 xūyào [동] 필요하다
- 阅读 yuèdú [동] 읽다
- 配合 pèihé [동] 협조하다/협동하다

🐼 회화 2 - 비상구열 좌석에 부적합한 승객이 앉은 경우

乘务员: 请问, 你们两位是一家人吗?

Qǐngwèn, nǐmen liǎng wèi shì yìjiārén ma?

실례하겠습니다, 두 분 가족이십니까?

乘客: 是的。

Shì de.

네, 맞아요.

乘务员: 请问, 您的儿子多大了?

Qǐngwèn, nín de érzi duōdàle?

실례지만, 혹시 아드님 나이가 몇 살 입니까?

乘客: 13岁。

Shísān suì.

13살이에요.

乘务员: 不好意思。因为您坐的座位是紧急出口座位。

Bùhǎoyìsi. yīnwèi nín zuòde zuòwèi shì jǐnjíchūkǒu zuòwèi.

죄송합니다만, 손님이 앉으신 좌석은 비상구 좌석입니다.

未满15岁的乘客不能坐这位置。

Wèi mǎn shíwǔsuì de chéngkè bù néng zuò zhè wèizhi.

15세 미만의 승객인 이 좌석에 앉을 수 없습니다.

乘客: 哦，这样啊。

Ò, zhèyàng a.

아, 그래요.

乘务员: 我们帮你们重新安排座位，好吗?

Wǒmen bāng nǐmen chóngxīn ānpái zuòwèi, hǎo ma?

저희가 다시 좌석 배정을 해드려도 될까요?

乘客: 好的。

Hǎode.

네, 알겠습니다.

乘务员: 很抱歉给你们带来麻烦。

Hěn bàoqiàn gěi nǐmen dàilái máfan.

번거롭게 해드려 죄송합니다.

谢谢您的配合。

Xièxie nín de pèihé.

협조 감사드립니다.

🐼 단어 2

- 一家人 yìjiārén [명] 한 집안, 가족
- 未 wèi [부] 아직 ~ 하지 않다
- 重新 chóngxīn [부] 다시, 거듭, 재차
- 麻烦 máfan [명] 골치거리, 부담
- 岁 suì [명] 세, 살 (나이를 세는 단위)
- 满 mǎn [형] 가득 차 있다 [동] 채우다
- 安排 ānpái [동] 안배하다, 마련하다

🐼 핵심표현

1 很抱歉给你们带来…

상대방에게 부정적인 상황이나 감정을 주게 되었을 때 사과하는 표현입니다.

很抱歉给你们带来….   …을(를) 끼쳐 드려 대단히 죄송합니다.
Hěn bàoqiàn gěi nǐmen dàilái

	损失 sǔnshī	손해를 끼쳐드려 대단히 죄송합니다.
很抱歉给你们带来 Hěn bàoqiàn gěi nǐmen dàilái	担忧 dānyōu	걱정을 끼쳐드려 대단히 죄송합니다.
	不便 búbiàn	손해를 끼쳐드려 대단히 죄송합니다.

2 同意吗?

상대방에게 동의 여부를 물을 때 사용하는 표현입니다.

Ex 紧急状况时, 需要帮助我们乘务员, 您同意吗?
Jǐnjí zhuàngkuàng shí, xūyào bāngzhù wǒmen chéngwùyuán, nín tóngyì ma?
긴급상황 시, 저희 승무원을 도와주셔야 합니다. 동의하십니까?

©www.hanol.co.kr

★ 비상구 좌석에 앉은 승객에게 안전카드를 제공하고 안내해보세요.

★ 비상구 좌석에 적합하지 않은 승객이 앉아있을 경우 설명하고 좌석변경을 요청해 보세요.

비상구 좌석 배정에 적합하지 않은 승객
不适合坐紧急出口的乘客
bú shìhé zuò jíchūkǒu de chéngkè

1	15세 이하, 성인 동반자가 없는 미성년자 未满十五岁, 且无人陪伴的未成年人 Wèi mǎn shíwǔsuì, qiě wúrén péibàn de wèichéngniánrén
2	비상 시 다른 승객의 탈출을 도와줄 수 없는 승객 在紧急情况下, 不能协助其他乘客撤离飞机的乘客 Zài jǐnjíqíngkuàng xià, bù néng xiézhù qítā chéngkè chèlí fēijīde chéngkè
3	승무원의 구두 지시를 이해하지 못하는 승객 缺乏理解乘务员口头命令能力的乘客 Quēfá lǐjiě chéngwùyuán kǒutóu mìnglìng nénglìde chéngkè
4	건강 상태가 좋지 않거나 거동이 불편한 승객 自认健康状况不佳及行动不便的乘客 Zìrèn jiànkāng zhuàngkuàng bùjiā jí xíngdòng búbiàn de chéngkè

비상구 좌석은 이코노미 클래스의 일반 좌석보다 공간이 넓어 많은 승객들이 선호하는 좌석이지만, 이 좌석에 배정된 승객은 비상 시 승무원을 도와 다른 승객들의 탈출을 도와야 하는 의무를 가지고 있습니다. 따라서 비상구 좌석 조건에 부합하지 않다면 이용할 수 없습니다. 위와 같은 조건의 승객이 배정된 경우 승무원은 항공기 Door Close 전에 신속히 다른 좌석으로 바꿔 드려야 합니다.

승무원
서비스
중국어

Section 05

짐 정리

 학습목표
- 승객의 짐을 정해진 장소에 보관하도록 안내할 수 있다.
- 지정되지 않은 장소에 짐을 둔 승객에게 올바른 짐 보관 방법을 안내할 수 있다.

핵심표현
- 개사 为了 / 请放在 +장소

문법 알아보기
- 장소를 나타내는 在 / 능원동사 能, 不能

 서비스 이해하기

　기내에는 오버헤드빈, 좌석하단, 코트룸 등 짐을 보관할 수 있는 공간이 정해져있습니다. 짐 정리는 항공기 이착륙 시 및 비행 중 승객들의 안전한 비행을 위한 필수조건으로 승무원들은 짐 보관 규정을 철저하게 지키고 안내해야합니다. 오버헤드빈 공간이 부족한 경우, 다른 장소를 안내해드리고 보관장소를 승객이 기억할 수 있도록 안내하며 귀중품은 승객이 직접 보관하도록 합니다. 술이나 향수 등 깨지기 쉬운 물건은 오버헤드빈에서 떨어질 수 있으니 주의 안내를 드리고 가급적 좌석 하단에 보관하도록 안내드립니다.

🐼 회화 1

乘务员: 不好意思。为了安全,

Bùhǎoyìsi. Wèile ānquán,

죄송합니다만, 안전을 위해

过道不能放 包。

guòdào bùnéng fàng bāo.

통로에 가방을 두실 수 없습니다.

请放在 这里。

Qǐng fàng zài zhèlǐ.

이쪽에 놓아주십시오.

🔍 **교체연습**

※1 紧急出口 jǐnjíchūkǒu
这里 zhèlǐ
那里 nàlǐ

※2 行李 xíngli

※3 行李架内 xínglijiànèi
座椅下面 zuòyǐ xiàmiàn

🐼 단어 1

能 néng [동] 할 수 있다, 해도 된다

不能 bùnéng ~할 수 없다

为了 wèile [개] ~을 위하여

安全 ānquán [명] 안전

在 zài [개] ~에

过道 guòdào [명] 통로, 복도, aisle

紧急出口 jǐnjíchūkǒu [명] 비상구

放 fàng [동] 놓다, 두다

包 bāo [명] 가방

行李 xíngli [명] 짐

行李架 xínglijià [명] 오버헤드빈

内 nèi [명] 안, 안쪽, 내부

座椅 zuòyǐ [명] 의자, 좌석

下面 xiàmiàn [명] 밑, 아래, 하단

1 개사 为了 [wèile]: ~을 위하여

为了安全 [Wèile ānquán] '안전을 위하여' 라는 표현은 안전, 보안과 관련된 업무를 수행할 시, 승객에게 행동을 요구하기 전 안전, 보안 규칙을 지킴에 있어 수용할 수 있는 마음을 갖게 할 수 있다.

为了安全 **[Wèile ānquán]** 안전을 위하여	请关闭手机。 qǐng guānbì shǒujī.	휴대전화를 꺼 주시기 바랍니다.
	请系好安全带。 qǐng jìhǎo ānquándài.	좌석벨트를 매 주시기 바랍니다.
	请坐下。 qǐng zuòxià.	자리에 앉아 주시기 바랍니다.

2 请放在 + 장소: ~에 놓아주십시오

请放在 **[Qǐng fàng zài]**	这里。 zhèlǐ.	이곳에 놓아주십시오.
	行李架内。 xínglijiànèi.	오버헤드빈 안에 놓아주십시오.
	座椅下面。 zuòyǐ xiàmiàn.	좌석하단에 놓아주십시오.

🐼 문법 알고 가기

1 장소를 나타내는 在

在[zài]는 장소와 함께 쓰이면 '~에' 라는 의미가 됩니다

在 zài ~에	这里 zhèlǐ	이곳에
	紧急出口 jǐnjíchūkǒu	비상구에
	过道 guòdào	복도에
	行李架内 xínglijiànèi	오버헤드빈 안에
	座椅下面 zuòyǐxiàmiàn	좌석 하단에

2 能[néng]은 '할 수 있다' 라는 뜻으로 부정은 不能[bùnéng]으로 표현합니다.

这里 Zhèlǐ	能 néng		이곳에 짐을 놓을 수 있습니다.
行李架内 Xínglijiànèi			오버헤드빈 안에 짐을 놓을 수 있습니다.
座椅下面 Zuòyǐxiàmiàn		放行李。 fàng xíngli.	좌석하단에 짐을 놓을 수 있습니다.
过道 Guòdào	不能 bùnéng		복도에 짐을 놓으실 수 없습니다
紧急出口 Jǐnjíchūkǒu			비상구에 짐을 놓으실 수 없습니다

©www.hanol.co.kr

승객의 짐을 선반 및 좌석하단에 보관하도록 안내해봅시다.

지정되지 않은 장소에 짐을 보관한 승객에게 안내해봅시다.

이륙 준비

 학습목표
- 이륙준비에 필요한 안전, 보안 절차를 안내할 수 있다.

핵심표현
- 이륙준비 시 필요한 표현 7가지 / 중국어의 호칭

문법 알아보기
- 동사 + 好 / 소유를 나타내는 조사 的 / 把 구문

서비스 이해하기

비행 과정 중 가장 중요한 순간은 비행기 이착륙 시점이며 승무원의 가장 큰 역할이 승객의 안전을 책임지는 일입니다. 항공기 이륙준비를 위한 절차로 좌석벨트 착용, 좌석 등받이 원위치, 테이블 원위치, 창문덮개 열기, 핸드폰 OFF 및 비행모드로 전환하기 등 승무원은 담당 ZONE 승객들의 안전을 위해 안전, 보안 검사를 진행합니다. 안전, 보안 점검이 끝나면 겔리 및 화장실 내 안전, 보안 체크 후 JUMPSEAT에 앉아 이륙 대기합니다.

乘务员: 先生，我们的飞机现在准备起飞。

Xiānsheng，wǒmen de fēijī xiànzài zhǔnbèi qǐfēi.

선생님, 우리 비행기 이륙 준비 중입니다.

为了安全请收回座椅靠背，打开遮光板。

Wèile ānquán qǐng shōuhuí zuòyǐkàobèi，dǎkāi zhēguāngbǎn.

안전을 위해 좌석 등받이를 세워주시고 창문덮개를 열어주시기 바랍니다.

> 🔍 **교체연습**
>
> * 拉下 lāxià

乘客: 好的。

Hǎode.

네, 알겠습니다.

乘务员: 还有请系好安全带，您把手机调到飞行模式吧。

Háiyǒu qǐng jìhǎo ānquándài，nín bǎ shǒujī tiáodào fēixíng móshì ba.

또한 좌석벨트를 매 주시고, 휴대전화는 비행모드로 설정해 주십시오.

谢谢您的合作。

Xièxie nín de hézuò.

협조에 감사드립니다.

先生 xiānsheng 선생, 씨 (성인남자에 대한 존칭)

的 de [조] ~의 (소유)

准备 zhǔnbèi [동] 준비하다

飞机 fēijī [명] 비행기

现在 xiànzài [명] 지금, 현재

起飞 qǐfēi [동] 이륙하다

收回 shōuhuí [동] 되돌리다

调 tiáo [동] 조정하다, 조절하다

飞行模式 fēixíng móshì [명] 비행모드

打开 dǎkāi [동] 열다

拉下 lāxià [동] 닫다(비행기 창문은 위에서 아래로 내리기 때문에 이 표현을 씀)

遮光板 zhēguāngbǎn [명] 창문덮개

还有 háiyǒu [접] 그리고, 또한

系好 jìhǎo (잘) 매다

安全带 ānquándài [명] 좌석벨트

座椅靠背 zuòyǐkàobèi [명] 좌석 등빋이

把 bǎ 특수구문에 사용

🐼 핵심표현

1 이륙 준비 시 필요한 표현

请打开（拉下）遮光板。 Qǐng dǎkāi (lāxià) zhēguāngbǎn.	창문덮개를 열어(닫아) 주십시오.
请收起小桌板。 Qǐng shōuqǐxiǎozhuōbǎn.	테이블을 접어주십시오.
请系好安全带。 Qǐng jìhǎo ānquándài.	좌석벨트를 매 주십시오.
请收回座椅靠背。 Qǐng shōuhuízuòyǐkàobèi.	좌석 등받이를 제자리로 해 주십시오.
请坐下。 Qǐng zuòxià.	자리에 앉아 주십시오.
请关电子机器（手机）。 Qǐng guān diànzǐjīqì(shǒujī).	전자기기(핸드폰)를 꺼 주십시오.
请把手机调到飞行模式。 Qǐng bǎ shǒujī tiáodào fēixíng móshì.	핸드폰을 비행모드로 변경해 주십시오.

응용단어

收起 shōuqǐ [동] 접다　　　　　　　　小桌板 xiǎozhuōbǎn 작은테이블

座椅靠背 zuòyǐkàobèi 의자 등받이　　坐 zuò [동] 앉다

关电子机器 guān diànzǐjīqì (전자기기)를 끄다　关手机 guān shǒujī 핸드폰을 끄다

• 53

2 중국어 호칭

승객을 부를 때	先生 xiānsheng	선생, ~씨 (성인 남자에 대한 존칭)
	女士 nǚshì / 小姐 xiǎojiě	여사 / 여성승객 지칭
	请问 qǐngwèn	잠깐 여쭙겠습니다. 실례하겠습니다.
승무원을 부를 때	小姐 xiǎojiě	미스. 양. 아가씨
	乘务员 chéngwùyuán	승무원
	空姐 kōngjiě	스튜어디스
	乘务长 chéngwùzhǎng	사무장
	请问 qǐngwèn	잠깐 여쭙겠습니다. 실례하겠습니다.

🐼 문법 알고 가기

1 동사 + 好결과보어: 잘 ~하다

결과보어는 술어동사 뒤에 놓여 술어가 나타내는 동작의 변화나 결과를 나타냅니다.
결과보어로 사용할 수 있는 품사는 형용사와 동사로 어순은 다음과 같습니다.

> (주어) + 술어 + 결과보어 + 목적어
> 　　　　　동사　　형용사 / 동사
> 　　　　　系　　　好　　　安全带

- **系好**安全带 [jìhǎo ānquándài] 표현은 系[jì] 매는 상태가 好[hǎo] 잘 된것을 의미하므
  로, 좌석벨트를 '잘 매다' 의 의미로 해석하면 됩니다.

- **请系好安全带** [**qǐng jìhǎo ānquándài**] 좌석벨트를 잘/확실히 매 주십시오

2 소유를 나타내는 조사 的

- 您**的**登机牌 [nín de dēngjīpái] 당신의 탑승권

- 您**的**合作 [nín de hézuò] 당신의 협조

- 您**的**手机 [nín de shǒujī] 당신의 핸드폰

- 我们**的**飞机 [wǒmen de fēijī] 우리 비행기

3 把 구문

중국어 평서문의 일반적인 어순과 달리 '주어' 가 '목적어' 를 '동사' 하여 어떤 결과 또는 변화가 생겨나도록 만들다' 라는 의미를 나타낼 때 사용합니다.

(주어) + 把 + 목적어 1 + 동사(在,到,给,成,作) + 목적어 2
请 (您) 把 手机 调到 飞行模式。
Qǐng nín bǎ shǒujī tiáodào fēixíng móshì.

- 위 문장을 직역하면 '당신이 핸드폰을 조정하여 비행모드로 만들다'로 이러한 '把 구문'
  은 승무원이 승객에게 어떤 변화를 요청할 때 쓸 수 있는 표현법입니다. → 핸드폰을 비
  행모드로 변경해 주십시오
- '把'구문의 특징은 동사를 단독으로 사용할 수 없고 동작의 영향이나 결과를 설명하는
  성분인 보어나 조사 '了'와 '着'등을 수반합니다.

©www.hanol.co.kr

이륙준비에 필요한 절차대로 안전점검을 수행해봅시다.

- 좌석 착석 및 좌석벨트착용

- 전자기기 끄기 및 핸드폰 비행모드로 변경

- 창문덮개 열기

- 테이블 접기

- 좌석등받이 세우기

헤드폰과 신문서비스

 학습목표
- 승객이 원하는 물건의 유무를 안내할 수 있다.
- 제공되는 물건이 무엇인지 소개하고 드릴 수 있다.

핵심표현
- 어감을 조절하는 一下 / 사용여부를 묻는 要用 / 유무를 확인하는 有没有

문법 알아보기
- 의문조사 吗 / 정반의문문 有没有

서비스 이해하기

　　기내 엔터테인먼트 시스템은 비행 중 승객들에게 즐거움을 주는 요소로 이를 이용하기 위해서는 헤드폰이 필요합니다. 사전에 좌석 앞에 세팅되어있는 경우도 있고, 직접 서비스하는 경우도 있습니다. 헤드폰 상태와 여분을 확인하고 승객 요구 시 즉시 응대할 수 있도록 합니다. 승객들은 엔터테인먼트 이용 외에도 신문을 요청하는 경우가 많습니다. 해당편에 서비스되는 중국 신문 종류를 미리 숙지하고 승객에게 안내 후 서비스합니다.

乘务员: 您要用耳机吗?

Nín yào yòng ěrjī ma?

헤드폰 사용하시겠습니까?

乘客: 好的。请问,有没有中文报纸?

Hǎode. Qǐngwèn, yǒu méiyǒu zhōngwén bàozhǐ?

네, 주세요. 뭐 좀 여쭤볼게요. 혹시 중국신문 있나요?

乘务员: 有, 请稍等一下。我马上拿给您。

Yǒu, qǐng shāo děng yíxià. wǒ mǎshàng nágěi nín.

네, 있습니다. 잠시만 기다려주십시오. 제가 곧 가져다 드리겠습니다.

乘客: 好的, 谢谢。

Hǎode, xièxie.

네, 고마워요

잠시 후

乘务员: 这是您要的中文报纸。

Zhè shì nín yào de zhōngwén bàozhǐ.

요청하신 중국신문 드리겠습니다.

要 yào [동] 원하다, 바라다

用 yòng [동] 사용하다

耳机 ěrjī [명] 이어폰

有 yǒu [동] 가지고 있다, 소유하다

没有 méiyǒu 가지고 있지 않다, 없다

中文 zhōngwén 중국어(중국어로 된 글)

报纸 bàozhǐ [명] 신문

稍 shāo [부] 잠시, 잠깐

等 děng [동] 기다리다

一下 yíxià 좀 ~하다

马上 mǎshàng [부] 곧, 즉시

🐼 핵심표현

1 一下[yí xià]

동사 뒤에 쓰여 어감을 부드럽게 하는 역할로 '좀~하다' 라는 의미를 가지고 있습니다.

请稍等一下。 [**Qǐng shāo děng yíxià**.] 잠시만 좀 기다려 주십시오.
请看一下。 [**Qǐng kàn yíxià**.] 한번 좀 봐 주십시오.

看 kàn [동] 보다

2 要用[yào yòng]

사용 여부를 물어볼 때 쓸 수 있는 표현입니다.

您要用耳机吗? [**Nín yào yòng ěrjī ma?**]   이어폰 사용하시겠습니까?

您要用隔音耳塞吗? [**Nín yào yòng géyīněrsāi ma?**]   귀마개 사용하시겠습니까?

隔音耳塞 géyīněrsāi [명] 이어플러그

3 有没有[yǒu méiyǒu]

승객이 승무원에게 기내 서비스 용품의 유무를 확인할 때 쓸 수 있는 표현입니다.

有没有中文报纸? [**Yǒu méiyǒu zhōngwén bàozhǐ?**]   중국신문 있나요, 없나요?

有没有中文杂志? [**Yǒu méiyǒu zhōngwén zázhì?**]   중국잡지 있나요, 없나요?

杂志 zázhì [명] 잡지

🐼 문법 알고 가기

1 의문조사 吗

서술문 끝에 의문조사 '吗' 를 붙여 ~입니까? 라는 뜻의 의문문을 만들 수 있습니다.

서술문(평서문)	의문조사 '吗'
您要用耳机 [Nín yào yòng ěrjī]	
你是乘务员[Nǐ shì chéngwùyuán]	吗 [ma]
这是您的 [Zhè shì nínde]	

2 정반의문문 有没有

동사나 형용사의 긍정형식과 부정형식을 병렬하여 정반의문문을 만들 수 있다.
이때 의문조사 '吗' 는 쓰지 않는다.

정반의문문	주어 + 형용사 + **不** + 형용사	你忙不忙？[Nǐ máng bu máng?]
		汉语难不难？[Hànyǔ nán bu nán?]
		你饿不饿？[Nǐ è bu è?]
	주어 + 동사 + **不** + 동사 + 목적어	你是不是空姐？ [Nǐ shì bu shì kōngjiě?]
		你去不去机场？ [Nǐ qù bu qù jīchǎng?]
		你学不学汉语？ [Nǐ xué bu xué Hànyǔ?]
	주어 + 동사 + **没** + 동사 + 목적어	你有没有中文报纸？[Nǐ yǒuméiyǒu Zhōngwén bàozhǐ?]
		你有没有中文杂志？ [Nǐ yǒuméiyǒu Zhōngwén zázhì?]

※ 동사 '有'의 부정은 '不'가 아니라 '没'이기 때문에 '有没有'로 정반의문문 형태를 만든다.

응용단어

忙 máng [형] 바쁘다   难 nán [형] 어렵다   饿 è [형] 배고프다

去 qù [동] 가다   学 xué [동] 배우다   汉语 Hànyǔ [명] 중국어

Role Play

©www.hanol.co.kr

승객에게 이어폰과 신문을 서비스해봅시다.

화장실 위치와 사용 및 터뷸런스 시 안내

 학습목표
- 승객에게 화장실 위치를 안내할 수 있다.
- 화장실 사용 여부에 대해 안내할 수 있다.
- 터뷸런스 시 화장실 사용 불가 안내와 화장실 사용 가능 시점에 대해 안내할 수 있다.

핵심표현
- 不能使用 …

문법 알아보기
- 부정을 뜻하는 不 / 没

 서비스 이해하기

비행기 기종에 따라 화장실 위치 및 사용법이 다릅니다. 승무원은 어린이나 노인 등 도움이 필요한 승객에게 문 여는 방법, 물 내림 버튼, 세면대 사용 등을 적극적으로 알려드립니다. 또한 승무원은 화장실의 청결 상태를 지속적으로 확인하여 승객이 쾌적하게 사용하실 수 있도록 합니다. 항공기 이동 시, 이착륙 시, 터뷸런스 발생 시 화장실을 이용할 수 없으며 좌석벨트 표시등이 꺼진 후 이용하도록 안내합니다.

乘客: 洗手间在哪里?

Xǐshǒujiān zài nǎlǐ?

화장실이 어디 있나요?

乘务员: 洗手间在后面。(前面，客舱的中间)

Xǐshǒujiān zài hòumian. (qiánmian, kècāng de zhōngjiān)

화장실은 뒤쪽에 있습니다, (앞쪽에, 객실 중간에)

乘客: 卫生间里有人吗?

Wèishēngjiān lǐ yǒu rén ma?

화장실에 사람이 있나요?

乘务员: 现在没有人。您可以使用。

Xiànzài méiyǒu rén. nín kěyǐ shǐyòng.

지금은 사람이 없습니다. 사용해도 됩니다.

사용중인 경우

乘务员: 现在有人。 请等一下。

Xiànzài yǒu rén. qǐng děng yíxià.

지금은 사람이 있습니다. 잠시 기다려 주십시오.

(turbulence 로 화장실 사용이 불가한 경우)

乘客: 现在可以使用洗手间吗?

Xiànzài kěyǐ shǐyòng xǐshǒujiān ma?

지금 화장실 사용해도 되나요?

乘务员：　不好意思。飞机正在颠簸，为了安全，暂时不能使用洗手间。

Bùhǎoyìsi. Fēijī zhèngzài diānbǒ, wèile ānquán, zànshí bùnéng

shǐyòng xǐshǒujiān.

죄송합니다. 비행기가 흔들리고 있습니다. 안전을 위해서 화장실은 잠시 사용
할 수 없습니다.

乘客：　什么时候可以使用？

Shénme shíhou kěyǐ shǐyòng?

언제 사용이 가능한가요?

乘务员：　安全带指示灯熄灭之后可以使用洗手间。

Ānquándài zhǐshìdēng xīmiè zhīhòu kěyǐ shǐyòng xǐshǒujiān.

안전벨트 표시등이 꺼진 후에 사용할 수 있습니다.

🐼 단어 1

- 洗手间 xǐshǒujiān [명] 화장실

- 卫生间 wèishēngjiān [명] 화장실

- 厕所 cèsuǒ [명] 화장실

- 客舱 kècāng [명] 객실

- 颠簸 diānbǒ [동] 흔들리다, 요동치다

- 指示灯 zhǐshìdēng [명] 지시등, 표시등

- 暂时 zànshí [명] 잠깐, 잠시, 일시

- 熄灭 xīmiè [동] (불이나 등이) 꺼지다

- 之后 zhīhòu [명] ~후, ~뒤

 **핵심표현**

不能使用…

무언가를 사용할 수 없을 때 쓰는 표현입니다.

不能使用….   … (명사)를 사용할 수 없습니다.
Bù néng shǐyòng

 Ex

	笔记本电脑。 bǐjìběn diànnǎo.	노트북은 사용할 수 없습니다.
不能使用 **Bùnéng shǐyòng**	手机。 shǒujī.	핸드폰은 사용할 수 없습니다.
	洗手间。 xǐshǒujiān.	화장실은 사용할 수 없습니다.

부정을 뜻하는 不 bù / 没 méi

不 bù	지금 혹은 앞으로 일어날 행동에 대한 부정을 의미함.
没 méi	현재보다는 과거의 일어나지 않은 행동을 의미함.

문제

Q1: 你吃饭了吗?	Q2: 你吃完了吗?
Nǐ chī fàn le ma?	Nǐ chīwán le ma?
A: (1) 我不吃。	A: (1) 我不吃了。
Wǒ bù chī.	Wǒ bù chī le.
(2) 我没吃。	(2) 我吃完了。
Wǒ méi chī.	Wǒ chī wán le.
	(3) 我没吃完。
	Wǒ méi chīwán.

©www.hanol.co.kr

화장실을 찾는 승객에게 화장실 위치를 안내해 보세요.

화장실 내 승객 유무를 안내해보세요.

터뷸런스 시 화장실 이용을 원하는 승객을 응대해 보세요.

장거리 노선 음료 서비스

 학습목표
- 기내에서 제공되는 음료를 소개할 수 있다.
- 소개한 음료 중에 승객의 선택을 물어볼 수 있다.

핵심표현
- 선택을 묻는 표현 / 음료 종류 설명하기 我们有 / 기내서비스 음료의 종류 표현

문법 알아보기
- 의문대사 什么 / 접속사 和 / 어기조사 吧

 서비스 이해하기

　　음료 서비스는 승무원과 승객이 본격적으로 소통을 시작하는 단계로 승무원은 바른자세와 부드러운 말투, 따뜻한 표정으로 서비스해야 합니다. 특히 장거리는 서비스되는 음료 종류가 많고, 노선별로 상이함으로 해당 비행편에 서비스 가능한 음료들을 미리 파악하고 승객에게 안내해야합니다. 함께 제공되는 스낵 종류도 확인하고 승객 요구 시 적극적으로 서비스합니다. 터뷸런스 시 혹은 실수로 인해 음료가 쏟길 수 있으니 가급적 승객 테이블 위에 냅킨과 음료를 제공하고 부득이 승객 손에 드려야 하는 경우는 주의 당부와 함께 승객이 건네받을 때 까지 조심히 살펴봅니다.

乘务员: 这是湿巾。

Zhè shì shījīn.

물티슈 드리겠습니다.

您要喝什么?

Nín yào hē shénme?

음료드시겠습니까?

我们有果汁、汽水、葡萄酒、啤酒等。

Wǒmen yǒu guǒzhī、qìshuǐ、pútaojiǔ、píjiǔ děng.

음료로는 주스, 탄산음료, 포도주, 맥주 등이 있습니다.

乘客: 有什么果汁?

Yǒu shénme guǒzhī?

어떤 주스가 있나요?

乘务员: 我们有橙汁、苹果汁、菠萝汁、西红柿汁和番石榴汁。

Wǒmen yǒu chéngzhī、píngguǒzhī、bōluózhī、xīhóngshìzhī hé fānshíliúzhī.

주스는 오렌지주스, 사과주스, 파인애플주스, 토마토주스, 구아바주스가 있습니다.

乘客: 那给我苹果汁吧。

Nà gěi wǒ píngguǒzhī ba.

그럼 사과주스로 주세요.

乘务员: 好的,这是苹果汁和花生。

Hǎode, zhè shì píngguǒzhī hé huāshēng.

네, 알겠습니다. 사과주스와 땅콩 드리겠습니다.

请慢用。

Qǐng mànyòng.

맛있게 드십시오.

- 湿巾 shījīn [명] 물티슈

- 喝 hē [동] 마시다.

- 什么 shénme [대] 의문 / 무엇, (명사 앞에서) 무슨 어떤

- 果汁 guǒzhī [명] 과일즙, 과일주스

- 苹果汁 píngguǒzhī [명] 사과주스

- 橙汁 chéngzhī [명] 오렌지주스

- 菠萝汁 bōluózhī [명] 파인애플 주스

- 西红柿汁 xīhóngshìzhī [명] 토마토 주스

- 番石榴汁 fānshíliúzhī [명] 구아바 주스

- 汽水 qìshuǐ [명] 탄산음료

- 葡萄酒 pútáojiǔ [명] 포도주

- 啤酒 píjiǔ [명] 맥주

- 等 děng [조] 등, 따위(그 밖의 다른 종류들이 더 있음을 나타냄)

- 行 xíng [동] 좋다, 해도 좋다

- 和 hé [접] ~와

- 吧 ba 어기조사, (문장 맨 끝에 쓰여) 동의, 허가, 제안의 의미

- 花生 huāshēng [명] 땅콩

- 慢用 mànyòng 천천히 많이 들다(먹다)

🐼 핵심표현

1 선택을 묻는 표현

음료서비스 시 승객의 선택을 묻는 표현입니다.

| 선택을
묻는
표현 | 您要喝什么？
Nín yào hē shénme?

您要哪一种？
Nín yào nǎ yì zhǒng? | 我们有果汁、汽水、葡萄酒、啤酒等。
Wǒmen yǒu guǒzhī、qìshuǐ、pútáojiǔ、píjiǔ děng. |

哪 nǎ [대] 어느, 어떤 (의문을 나타냄)

2 음료 종류 설명하기

음료서비스 시 기내에서 서비스되는 음료의 종류를 설명하는 표현으로 '음료로는 ~~~이(가) 있습니다.' 라는 의미입니다.

| 我们有
Wǒmen yǒu | 果汁、可乐、葡萄酒、啤酒等。
guǒzhī、kělè、pútáojiǔ、píjiǔ děng.

橙汁、苹果汁、菠萝汁、西红柿汁和番石榴汁。
chéngzhī, píngguǒzhī, bōluózhī, xīhóngshìzhī hé fānshíliúzhī. |

3 기내에서 서비스하는 음료의 중국어 표현

물	차/커피류	주스류	탄산류	주류	기타주류	기타
水 shuǐ 물	绿茶 lǜchá 녹차	橙汁 chéngzhī 오렌지주스	可乐 kělè 콜라	红葡萄酒 hóngpútáojiǔ 적포도주	威士忌 wēishìjì 위스키	牛奶 niúnǎi 우유
矿泉水 kuàngquánshuǐ 미네랄워터	红茶 hóngchá 홍차	苹果汁 píngguǒzhī 사과주스	健怡可乐 jiànyíkělè 다이어트콜라	白葡萄酒 báipútáojiǔ 백포도주	白兰地 báilándì 브랜디	低脂牛奶 dīzhī niúnǎi 저지방우유
开水 kāishuǐ 끓인 물	乌龙茶 wūlóngchá 우롱차	菠萝汁 bōluózhī 파인애플주스	雪碧 xuěbì 사이다	啤酒 píjiǔ 맥주	鸡尾酒 jīwěijiǔ 칵테일	冰块 bīngkuài 얼음
热水 rèshuǐ 따뜻한 물	茉莉花茶 mòlìhuāchá 자스민차	西红柿汁 xīhóngshìzhī 토마토주스	生姜冰茶 shēngjiāng bīngchá 진저에일	青岛啤酒 Qīngdǎo píjiǔ 청도맥주	伏特加 fútèjiā 보드카	
	人参茶 rénshēnchá 인삼차	番石榴汁 fānshíliúzhī 구아바주스		百威 bǎiwēi 버드와이저	杜松子酒 dùsōngzǐjiǔ 진	
	咖啡 kāfēi 커피			米酒 mǐjiǔ 막걸리		
	无咖啡因咖啡 wúkāfēiyīnkāfēi 디카페인커피					

🐼 문법 알고 가기

1 의문대사 什么

의문대사 '什么'는 '무엇'이란 뜻으로 단독으로 쓰이기도 하며 명사 앞에서 명사를 수식하여 어떠한 사물인지를 묻는 것으로 '어떤, 무슨'이란 뜻도 가지고 있습니다.

의문대사 '什么'는 이미 의문을 포함하고 있기 때문에 문장 끝에 의문조사 '吗'를 쓰지 않습니다.

단독	您要喝什么？ Nín yào hē shénme?	음료 드시겠습니까?
	有什么？ Yǒu shénme?	무엇이 있습니까?
	你学什么？ Nǐ xué shénme?	무슨 공부하십니까?
명사 수식 **什么+ 명사**	您要喝什么果汁？ Nín yào hē shénme guǒzhī?	어떤 주스를 드시겠습니까?
	有什么果汁？ Yǒu shénme guǒzhī?	어떤 주스가 있나요?
	有什么问题？ Yǒu shénme wèntí?	무슨 문제가 있나요?

问题 wèntí [명] 문제

2 접속사 和

접속사 和 [hé]는 비슷한 단어나 구를 연결하여 병렬관계나 선택관계를 나타나며, '~와, ~과' 로 해석합니다.

병렬하는 단어나 구가 3개 이상일 경우 앞의 단어들은 '、(符号)' 로 연결하고 마지막 단어나 구 앞에 和를 씁니다

我和你。
Wǒ hé nǐ.

这是苹果汁和花生。
Zhè shì píngguǒzhī hé huāshēng.

我们有橙汁、苹果汁、菠萝汁、西红柿汁和番石榴汁。
Wǒmen yǒu chéngzhī, píngguǒzhī, bōluózhī, xīhóngshìzhī hé fānshíliúzhī.

2 어기조사 吧

상대방에게 허가, 제안, 청유, 명령 등의 어감을 가진 의사표현을 할 경우에, 문장 끝에 '吧' 를 사용합니다.

승객	给我苹果汁吧。 Gěi wǒ píngguǒzhī ba. 韩国啤酒吧。 Hánguó píjiǔ ba.

Role Play

您要喝什么?

©www.hanol.co.kr

★ 승객에게 음료를 소개하고 주문을 받아봅시다.

Section 10

단거리 노선 음료 서비스

🎓 학습목표
- 원하는 음료가 없을 때 다른 음료를 권유할 수 있다.
- refill을 권할 수 있다.

🎓 핵심표현
- ~ , 怎么样？/ 소유의 유무를 표현 有, 没有 / refill 권유 표현 您还要一杯吗？

🎓 문법 알아보기

- 선택의문문 还是 / 결과보어 / 양사

 서비스 이해하기

　단거리 노선 음료서비스는 장거리 노선에 비해 음료의 종류가 많지 않고, 비행노선에 따라 간단한 meal과 함께 서비스하는 경우가 있다. 비행시간이 충분하지 않기 때문에 차가운 음료와 따뜻한 음료를 함께 서비스한다. 주스류나 맥주 등과 같이 종류가 있는 경우에는 승객에게 종류를 안내하고 오더받는다. 단시간에 이루어지는 서비스로 정중하고 친철한 자세를 유지하면서 신속하고 정확하게 서비스하는 것이 중요하다.

乘务员: 您好,

Nín hǎo,

안녕하세요,

我们有橙汁、水、可乐、健怡可乐、啤酒、咖啡和乌龙茶等。

wǒmen yǒu chéngzhī、shuǐ、kělè、jiànyíkělè、píjiǔ、kāfēi hé wūlóngchá děng.

음료로는 오렌지주스, 물, 콜라, 다이어트콜라, 맥주, 커피, 우롱차가 있습니다.

请问您要喝什么?

Qǐngwèn nín yào hē shénme?

어떤 걸로 드시겠습니까?

乘客: 有没有芒果汁?

Yǒuméiyǒu mángguǒzhī?

망고주스 있나요?

乘务员: 不好意思。我们没有芒果汁。橙汁怎么样?

Bùhǎoyìsi. wǒmen méiyǒu mángguǒzhī. chéngzhī zěnmeyàng?

죄송합니다만, 망고주스는 없습니다. 오렌지 주스는 어떠십니까?

乘客: 那请给我啤酒吧。

Nà qǐng gěi wǒ píjiǔ ba.

그럼 맥주로 주세요.

乘务员: 韩国啤酒还是青岛啤酒?

Hánguópíjiǔ háishi Qīngdǎo píjiǔ?

한국맥주와 청도맥주가 있는데 어느 것으로 드릴까요?

乘客:　　青岛啤酒吧。

　　　　　Qīngdǎo píjiǔ ba.

　　　　　청도맥주로 주세요.

乘务员:　好的，请慢用。(드리면서)

　　　　　Hǎode，qǐng mànyòng.

　　　　　네, 알겠습니다. 맛있게 드십시오.

🐼 단어 1

- 芒果汁 mángguǒzhī [명] 망고주스

- 还是 háishi [접] 또는, 아니면

- 怎么样 zěnmeyàng 어떻습니까? (의문문에 쓰임)

- 那 nà [부] 그러면, 그렇다면

🐼 회화 2 -회수 & refill

乘务员:　您喝完了吗?

　　　　　Nín hē wán le ma?

　　　　　다 드셨습니까?

乘客:　　还没有。

　　　　　Hái méiyǒu.

　　　　　아직이요.

乘务员: 不好意思，请慢用。

Bùhǎoyìsi, qǐng mànyòng.

죄송합니다, 맛있게 드십시오.

[refill 시]

乘务员: 您还要一杯吗？

Nín háiyào yìbēi ma?

한잔 더 드시겠습니까?

乘客: 不要了。

Búyào le.

괜찮습니다.

乘务员: 您用(喝)完了吗？ 可以收走吗？

Nín yòng(hē) wánle ma? kěyǐ shōuzǒu ma?

다 드셨습니까? 치워도 되겠습니까?

乘客: 可以。

Kěyǐ.

네, 치워도 됩니다.

乘务员: 您还要别的吗？

Nín háiyào biéde ma?

다른 거 필요하신 것 있으십니까?

乘客: 不要了。

Búyào le.

없습니다

- 完 wán [동] 다하다, 마치다
- 喝完 hēwán 다 마시다
- 还 hái [부] 또, 더 // 여전히, 아직~하지 않다
- 还没有 hái méiyǒu 아직 아닙니다
- 一杯 yìbēi 한 잔

- 可以 kěyǐ [조동] ~할 수 있다
- 收走 shōuzǒu [동] 치워가다, 거둬가다
- 别的 biéde [대] 다른 것
- 没有 méiyǒu 아니오, 없습니다.
- 了 le 동, 형용사 뒤에 쓰여 완료를 나타내는 조사

🐼 핵심표현

1 '~, 怎么样?'

상대방의 의사를 묻거나 동의를 구할 때 쓰는 표현으로, 먼저 묻고 싶은 내용을 말한 다음 '怎么样'을 덧붙여서 의견을 묻습니다. 기내에서는 승객이 원하는 것을 제공할 수 없어 대안책을 제시할 때 사용할 수 있습니다.

这个 zhège		이것은 어떠십니까?
味道 wèidào	怎么样? [zěnmeyàng]	맛은 어떠십니까?
橙汁 chéngzhī		오렌지주스는 어떠십니까?

2 소유의 유무를 표현 有, 没有

有 yǒu	我们有橙汁、水、可乐、咖啡和乌龙茶等。 Wǒmen yǒu chéngzhī、shuǐ、kělè、kāfēi hé wūlóngchá děng.
没有 méiyǒu	我们没有芒果汁。 Wǒmen méiyǒu mángguǒzhī.

3 refill 권유하는 표현 您还要 (一杯) 吗?

	红葡萄酒 hóngpútáojiǔ	
您还要 (一杯) Nín háiyào (yìbēi)	橙汁 chéngzhī	吗? ma
	咖啡 kāfēi	

• '一杯'는 생략가능 합니다.

1 선택의문문 还是

흔히 선택을 요구하는 의문문에 쓰여 'A 또는 B 둘 중에 어느 것'인지를 묻는 경우에 사용합니다.

韩国啤酒还是青岛啤酒? Hánguó píjiǔ háishi Qīngdǎo píjiǔ?	한국맥주로 드시겠습니까, 칭다오맥주로 드시겠습니까?
咖啡还是茶? Kāfēi háishi chá?	커피 드시겠습니까, 차 드시겠습니까?
韩国拌饭还是牛肉? Hánguó bànfàn háishi niúròu?	비빔밥 드시겠습니까, 소고기 드시겠습니까?

韩国拌饭 Hánguóbànfàn 비빔밥   牛肉 niúròu 소고기

2 사물의 수량 단위를 표현하는 양사

个 gè 대부분의 양사를 대신하는 대표적인 양사 (~ 개)	一个面包 yí gè miànbāo 빵 한 개
杯 bēi 잔을 셀 때 쓰임	一杯咖啡 yì bēi kāfēi 커피 한 잔
瓶 píng 병을 셀 때 쓰임	一瓶啤酒 yì píng píjiǔ 맥주 한 병
支 zhī 곧고 딱딱하며 가늘고 긴 물건을 셀 때 쓰임	一支铅笔 yì zhī qiānbǐ 볼펜 한 자루
本 běn 책, 출판물을 셀 때 쓰임	一本书 yì běn shū 책 한 권
份 fèn 신문, 문건을 셀 때 쓰임	一份报纸 yí fèn bàozhǐ 신문 한 부
只 zhī 동물을 셀 때 쓰임	一只狗 yì zhī gǒu 개 한 마리

단 수량을 나타낼 때 '2'는 '二[èr]'이 아니라, '两[liǎng]'이라고 한다.

3 **결과보어**

결과보어는 술어(동사) 뒤에 놓여 술어가 나타내는 동작의 변화나 결과를 나타냅니다. 결과보어 자리에 사용 가능한 품사는 형용사와 동사입니다.

주어	술어 동사	결과보어 형용사 / 동사	목적어

吃
chī   먹다

吃	饱	了。	(결과) 배부르게 먹었다
chī	**bǎo**	**le.**	
술어	결과보어		

吃	够	了。	(상태) 충분히 먹었다
chī	**gòu**	**le.**	
술어	결과보어		

吃	完	了。	(완료) 다 먹었다
chī	**wán**	**le.**	
술어	결과보어		

🔍 **보충단어**

* 吃 chī [동] 먹다
* 饱 bǎo [형] 배부르다
* 够 gòu [형], [동] 충분하다

🌐 **기내에서 사용하는 결과보어 표현**

음료 회수 시	您喝完了吗? Nín hē wán le ma?
식사 회수 시	您吃完了吗? Nín chī wán le ma?

★ 단거리 노선 음료서비스를 해 봅시다.

★ 승객이 원하는 음료가 없는 경우 대안을 제시해 봅시다

★ 음료 회수하면서 **refill** 권유해 봅시다.

식사 서비스

 학습목표

- 식사메뉴를 소개하고 주문받을 수 있다.

- 후식인 tea, coffee를 권하고 주문받을 수 있다.

- 식사 회수 및 필요하신 것이 더 있는지 여쭤볼 수 있다.

핵심표현

- 您喜欢哪一种？/您要喝 + 음료 + 吗？/您还要别的吗?

문법 알아보기

- 조동사 可以/정도부사 很

 서비스 이해하기

　　기내식은 지상에서 미리 조리된 상태로 탑재되며, 이륙 후 galley 내 오븐을 이용해 가열하여 승객에게 제공합니다.

　　이코노미 클래스 식사서비스는 서양식 기준으로 식사 – 와인서비스 – 티, 커피서비스 – 회수 순으로 이루어지며 승객에게 식사 종류와 구성을 설명하고 승객에 따라 적절한 식사를 추천해야 합니다.

乘务员: 我们有牛肉和韩式拌饭。

Wǒmen yǒu niúròu hé hánshì bànfàn.

식사로는 소고기와 비빔밥이 있습니다.

请问您喜欢哪一种？

Qǐngwèn nín xǐhuan nǎ yì zhǒng?

어느 것으로 드시겠습니까?

乘客: 我要韩式拌饭。

Wǒ yào hánshì bànfàn.

비빔밥으로 주세요.

乘务员: 好的，请。(식사를 드리면서)

Hǎode, qǐng.

네, 알겠습니다. 여기 있습니다.

乘务员: 这是海带汤。

Zhè shì hǎidàitāng.

이것은 미역국입니다.

很烫，请小心。请慢用。

Hěn tàng, qǐng xiǎoxīn. qǐng mànyòng.

뜨거우니 조심하십시오. 맛있게 드십시오.

乘客: 谢谢。

Xièxie.

감사합니다.

乘务员: 您要喝葡萄酒吗?

Nín yào hē pútaojiǔ ma?

포도주 드시겠습니까?

我们有红葡萄酒和白葡萄酒。

Wǒmen yǒu hóngpútáojiǔ hé báipútáojiǔ.

적포도주와 백포도주가 있습니다.

您喜欢哪一种?

Nín xǐhuan nǎ yì zhǒng?

어느 것으로 드시겠습니까?

乘客: 给我白葡萄酒吧 。

Gěi wǒ báipútáojiǔ ba.

백포도주로 주세요.

乘务员: 好的，请慢用。(드리면서)

Hǎode，qǐng màn yòng.

네, 알겠습니다. 맛있게 드십시오.

단어 1

- 韩式 hánshì 한식, 한국식

- 拌饭 bànfàn 비빔밥

- 牛肉 niúròu 소고기

- 吃 chī [동] 먹다

- 很 hěn [부] 아주, 몹시

- 烫 tàng [형] 뜨겁다

- 小心 xiǎoxīn [동] 조심하다, [형]조심스럽다, 신중하다

- 哪 nǎ [대] 무엇, 어느 것

- 海带汤 hǎidàitāng 미역국

乘务员: 请问，您要喝咖啡吗？

Qǐngwèn nín yào hē kāfēi ma?

실례하겠습니다, 커피 드시겠습니까?

乘客: 请给我一杯。

Qǐng gěi wǒ yìbēi.

한잔 주세요.

乘务员: 需要加糖和奶吗?

Xūyào jiā táng hé nǎi ma?

설탕, 크림 필요하십니까?

乘客: 只加糖就可以了。

Zhǐ jiā táng jiù kěyǐ le.

설탕만 주세요.

乘务员: 好的。很烫，请小心。请慢用。

Hǎode. Hěn tàng, qǐng xiǎoxīn. qǐng màn yòng.

네, 알겠습니다. 뜨거우니 조심하십시오. 맛있게 드십시오.

단어 2

· 咖啡 kāfēi 커피

· 加 jiā 넣다

· 只 zhǐ [부] 오직, 다만

奶 nǎi 크림

糖 táng 설탕

乘务员: 请问，您要喝茶吗？

Qǐngwèn, nín yào hē chá ma?

실례하겠습니다. 차 드시겠습니까?

我们有绿茶和红茶。

Wǒmen yǒu lǜchá hé hóngchá.

녹차와 홍차가 있습니다.

乘客: 来一杯红茶。

Lái yì bēi hóngchá.

홍차 한잔 주세요.

乘务员: 需要加柠檬吗?

Xūyào jiā níngméng ma?

레몬 필요하십니까?

乘客: 好的。

Hǎode.

네.

乘务员: 请给我杯子。

Qǐng gěi wǒ bēizi.

컵을 주시겠습니까?

很烫，请小心。 请慢用。

Hěn tàng, qǐng xiǎoxīn. Qǐng mànyòng.

뜨거우니 조심하십시오. 맛있게 드십시오.

이코노미클래스에서 승무원이 HOT BEVERAGE를 서비스할 때, 한손에는 설탕, 크림 혹은 Teabag과 레몬을 올린 Small Tray를 들고 한 손에는 Hot Pot을 들고 있기 때문에 승객에게 Tray위에 컵을 올려 달라고 요청합니다. 따라서 "컵을 주시겠습니까?"라고 하면서 Tray를 승객 쪽으로 옮겨 승객이 직접 컵을 올릴 수 있도록 합니다.

🐼 단어 3

- 绿茶 lǜchá 녹차
- 红茶 hóngchá 홍차
- 乌龙茶 wūlóngchá 우롱차
- 喜欢 xǐhuan [동] 좋아하다

- 杯子 bēizi 잔
- 需要 xūyào [동] 필요하다
- 柠檬 níngméng [명] 레몬
- 一种 yìzhǒng 한 가지

🐼 회화 4 - tray 회수

乘务员: 请问, 您吃完了吗 ?

Qǐngwèn, nín chī wán le ma?

실례하겠습니다. 식사 다 드셨습니까?

乘客: 吃完了。

Chī wán le.

네, 다 먹었어요.

乘务员: 可以收走吗? 您还要别的吗?

Kěyǐ shōuzǒu ma? Nín hái yào biéde ma?

치워도 되겠습니까? 더 필요하신 것은 없으십니까?

乘客: 不要了, 谢谢。

Bú yào le, xièxie.

필요한 거 없어요. 감사해요.

- 吃完 chīwán 다 먹다
- 了 le   1) 형, 동사 뒤에 쓰여 완료 나타내는 조사
          2) 문장의 끝 또는 문장 중의 멈추는 곳에 쓰여 단정, 강조, 긍정을 나타냄.
- 要 yào [동] 필요하다
- 可以 kěyǐ [조동] ~할 수 있다. 해도 된다
- 收走 shōuzǒu 회수하다, 가져가다
- 不要 búyào 필요없다

핵심표현

1 您喜欢哪一种？

승객에게 음료나 식사 서비스 시 어떤 종류가 있는지 설명한 후 그 중 어느 것을 선택할 것인지 물어볼 때 쓸 수 있습니다.

我们有 果汁、可乐、葡萄酒、啤酒等。
Wǒmen yǒu guǒzhī、kělè、pútáojiǔ、píjiǔ děng.

我们有牛肉和韩式拌饭。
Wǒmen yǒu niúròu hé hánshì bànfàn.

您喜欢哪一种？
Nín xǐhuan nǎ yìzhǒng?

2 커피/차 드시겠습니까? 您要喝 + 음료 + 吗?

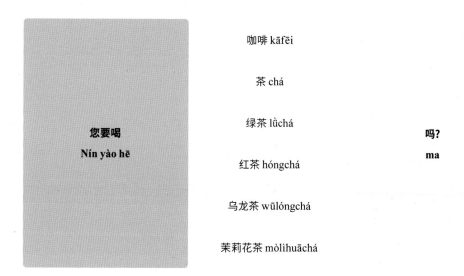

您要喝
Nín yào hē

咖啡 kāfēi

茶 chá

绿茶 lǜchá

红茶 hóngchá

乌龙茶 wūlóngchá

茉莉花茶 mòlìhuāchá

吗?
ma

3 더 필요하신 것은 없으십니까? 您还要别的吗?

승객에게 음료, 식사 회수 시 승 물어보기도 하며, 승무원이 권유한 것을 승객이 필요로 하지 않는 경우, 그 이외의 것의 필요 여부를 물어볼 때 쓸 수 있습니다.

您还要别的吗?
Nín hái yào biéde ma?

더 필요하신 것은 없으십니까?

🐼 문법 알고가기

① 조동사 可以

'可以'는 어떠한 상황에서 가능함을 나타내는 조동사로 '~할 수 있다, 해도 된다'로 해석합니다.

부정은 '不可以'로 표현합니다.

可以	收走	吗?	치워도 되겠습니까?
Kěyǐ	**shōuzǒu**	**ma?**	
조동사	동사	의문조사	

可以走吗? 가도 되나요? Kěyǐ zǒu ma? 可以喝啤酒吗? 맥주 마셔도 되나요? Kěyǐ hē píjiǔ ma?	**不可以。** 안되요 **Bù kěyǐ.**

- 走 zǒu [동] 가다, 걷다

② 정도부사 很

동작이나 상태의 정도를 나타내는 부사로 '매우, 아주'의 뜻을 가지고 있으며, '주어 + 很 + 형용사' 형식으로 쓰입니다.

주어	부사	형용사
(这) zhè		烫 tàng 뜨겁다 / 이것은 매우 뜨겁습니다.
		好吃 hǎochī 맛있다 / 이것은 매우 맛있습니다.
他 tā	很	帅 shuài 멋있다 / 그는 아주 멋있어
我妹妹 wǒ mèimei		可爱 kě'ài 귀엽다 / 내 여동생은 아주 귀여워

- 好吃 hǎochī [형] 맛있다   - 帅 shuài [형] 멋있다   - 可爱 kě'ài [형] 귀엽다

96 •

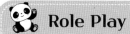 **Role Play**

©www.hanol.co.kr

★ 승객에게 서비스하는 식사 메뉴를 제시해 봅시다.

★ 와인 및 커피/차를 서비스해봅시다.

★ 취식 완료 여부를 묻고 회수해봅시다.

©www.hanol.co.kr

Section 12

입국 서류 안내

 학습목표
- 승객의 최종 목적지를 묻고 필요한 서류를 안내할 수 있다.
- 서류 작성 시 기입해야 하는 사항들을 안내할 수 있다.

핵심표현
- 서류 작성에 필요한 표현 请填写 및 단어 / 중국 내 취항 도시 중국어 표현

문법 알아보기
- 조동사 要 / 부사 也

🧑 서비스 이해하기

입국 서류 안내는 매우 중요한 사항으로 도착지 입국 규정을 반드시 숙지해야 합니다. 잘못된 안내는 승객의 입국심사 시 곤혼스러운 일을 겪게할 수도 있기 때문입니다. 한국으로 입국하는 내국인의 경우는 입국신고서는 작성하지 않고, 외국인 등록증 소지자를 제외한 모든 외국인은 입국신고서를 작성해야합니다. 세관세관신고서는 12세 이상의 내외국인 모두 작성해야하며, 가족일경우 가족당 한 부만 작성하면 됩니다.

입국서류는 단거리 노선일 경우, 이륙 전이나 이륙 직후에 바로 서비스하며, 중장거리 노선일 경우는 식사서비스 종료 후 서비스하고, 착륙 전 한번 더 안내하고 서비스합니다.

乘务员: 请问，您的最终目的地是哪里?

Qǐngwèn, nínde zuìzhōng mùdìdì shì nǎlǐ?

실례하겠습니다. 최종목적지가 어디입니까?

乘客: 北京。

Běijīng.

북경입니다.

乘务员: 有东西要申报吗?

Yǒu dōngxi yào shēnbào ma?

신고하실 물건 있으십니까?

乘客: 没有要申报的。

Méiyǒu yào shēnbào de.

신고할 물건 없습니다.

乘务员: 好的。那不用填写。

Hǎode. Nà búyòng tiánxiě.

네, 그럼 작성하지 않으셔도 됩니다.

🐼 단어 1

最终 zuìzhōng [형] 최종

目的地 mùdìdì [명] 목적지

哪里 nǎli [대] 어디, 어느 곳

北京 Běijīng [고 · 명] 베이징, 북경(수도)

东西 dōngxi [명] 물건

要 yào [조동] ~해야한다

不用 búyòng [부] ~할 필요 없다

填写 tiánxiě [동] 기입하다, (빈칸을) 채우다

🐼 회화 2 - 한국 입국 시

乘务员: 请问, 您的最终目的地是哪里?

Qǐngwèn, nínde zuìzhōng mùdìdì shì nǎli?

실례하겠습니다, 최종 목적지가 어디입니까?

乘客: 首尔。

Shǒu'ěr.

서울입니다.

乘务员: 这是入境卡和海关申报单。

Zhè shì rùjìngkǎ hé hǎiguān shēnbàodān.

입국카드와 세관 신고서입니다.

海关申报单是一家一张。

Hǎiguān shēnbàodān shì yìjiā yìzhāng.

세관 신고서는 가족당 한 장입니다.

乘客:　　我没有东西申报也要填写吗?

Wǒ méi yǒu dōngxi shēnbào yě yào tiánxiě ma?

신고할 물건이 없는데도 작성해야 하나요?

乘务员:　　所有乘客都需要填写。

Suǒyǒu chéngkè dōu xūyào tiánxiě.

모든 승객들은 다 작성해야 합니다.

🐼 단어 2

首尔 Shǒu'ěr [고 · 명] 서울

入境卡 rùjìngkǎ 입국카드

海关申报单 hǎiguānshēnbàodān 세관신고서

一家一张 yìjiāyìzhāng 가족 당 한 장

也 yě [부] ~도, 역시, 또한

写 xiě [동] 쓰다

所有 suǒyǒu [형] 모든, 전부

乘务员: 请问，您的最终目的地是哪里？

Qǐngwèn, nínde zuìzhōng mùdìdì shì nǎli?

실례하겠습니다, 최종 목적지가 어디입니까?

乘客: 我是转机的 (人)。

Wǒ shì zhuǎnjīde (rén).

저는 환승입니다.

乘务员: 好的。不用填写。

Hǎode. Búyòng tiánxiě.

네. 그러면 작성하실 필요 없습니다.

🐼 단어 3

转机 zhuǎnjī 환승

1 서류 작성에 필요한 표현 请填写

'请填写' 는 '~~을 작성해주십시오.' 라는 뜻으로 입국서류 배포와 작성 시 사용할 수 있는 표현입니다.

请填写 [Qǐng tiánxiě]	入境卡 rùjìngkǎ 입국카드
	海关申报单 hǎiguānshēnbàodān 세관 신고서
	地址 dìzhǐ 주소

각 종 서류 작성에 필요한 단어

姓	xìng	성
名	míng	이름
国籍	guójí	국적
护照	hùzhào	여권
护照号码	hùzhào hàomǎ	여권번호
在华住址	zàihuázhùzhǐ	중국 내 주소
性别	xìngbié	성별
出生日期	chūshēng rìqī	생년월일
职业	zhíyè	직업
签证	qiānzhèng	비자
签证号码	qiānzhèng hàomǎ	비자번호
签证签发地	qiānzhèng qiānfādì	비자 발급지
航班	hángbān	항공편
入境事由 (目的)	rùjìngshìyóu (mùdì)	입국사유 (목적)
签名	qiānmíng	서명

北京 Běijīng	베이징	沈阳 Shěnyáng	선양
长沙 Chángshā	창사	深圳 Shēnzhèn	선전
大连 Dàlián	다롄	天津 Tiānjīn	톈진
广州 Guǎngzhōu	광저우	黄山 Huángshān	황산
济南 Jǐnán	지난	威海 Wēihǎi	웨이하이
青岛 Qīngdǎo	칭다오	西安 Xī'ān	시안
上海 Shànghǎi	상하이	延吉 Yánjí	옌지
南京 Nánjīng	난징	烟台 Yāntái	옌타이
杭州 Hángzhōu	항저우	香港 Xiānggǎng	홍콩
牡丹江 Mǔdānjiāng	무단장	武汉 Wǔhàn	우한
郑州 Zhèngzhōu	정저우	昆明 Kūnmíng	쿤밍
厦门 Xiàmén	샤먼	贵阳 Guìyáng	구이양
乌鲁木齐 Wūlǔmùqí	우루무치	合肥 Héféi	허페이
南宁 Nánníng	난닝	台北 Táiběi	타이페이
桂林 Guìlín	구이린	成都 Chéngdū	청두
盐城 Yánchéng	옌청	重庆 Chóngqìng	충칭
长春 Chángchūn	창춘	哈尔滨 Hā'ěrbīn	하얼빈

🐼 문법 알고가기

1 조동사 要

조동사 '要'는 동사 앞에서 '~ 해야 한다'의 의미로 '당위'를 표현하며, '~하고싶다, ~하려고 하다'의 의미로 '바램'을 표현합니다. 기내에서 입국서류 작성 시에는 당위를 나타내는 표현으로 사용되었습니다.

饭前一定要洗手。Fàn qián yídìng yào xǐshǒu.	밥 먹기 전에 손을 반드시 씻어야 한다.
在外国要小心。Zài wàiguó yào xiǎoxīn.	외국에서는 조심해야 한다.
您要填写入境卡。 Nín yào tiánxiě rùjìngkǎ.	입국카드를 작성해야 합니다.

饭 fàn [명] 밥   前 qián [명] 전   一定 yídìng [부] 반드시

洗 xǐ [동] 씻다   手 shǒu [명] 손   外国 wàiguó [명] 외국

2 부사 也

'~도, 역시, 또한'의 의미로 대화하는 사람과 같은 형편임을 표현할 때, 두 가지 사건 혹은 여러 가지 사건에 서로 같은 점이 있음을 나타낼 때 사용할 수 있습니다.

你吃, 我也吃。 Nǐ chī, wǒ yě chī.	네가 먹으면 나도 먹는다.
我没有东西申报也要填写吗? Wǒ méi yǒu dōngxi shēnbào yě yào tiánxiě ma?	신고할 것이 없어도 작성해야 하나요?

又 VS 也: 또, 다시, 역시

	又	也
차이점	하나의 주어가 예전 동작을 반복함을 나타낸다. 你昨天去了, 今天又去吗? Nǐ zuótiān qù le, jīntiān yòu qù ma? 너 어제 갔었는데, 오늘 또 가니?	일반적으로 두 개 이상의 주어가 타인의 동작과 같은 동작을 반복함을 나타낸다. 你去, 我也去。 Nǐ qù, wǒ yě qù. 그가 가면, 나도 간다.

중국노선에서 중국 승객들의 입국서류를 안내해 봅시다.

한국 입국 시 필요한 서류를 안내해 봅시다.

환승 승객을 응대해 봅시다.

Section 13

기내면세품 판매 1

 학습목표
- 기내 면세품 책자를 안내할 수 있다.

- 승객의 면세품 결제 방식을 물어볼 수 있다.

- 환승 승객의 액체류 구입 규정을 설명할 수 있다.

핵심표현
- 기내에서 수수하는 화폐 단위/ 사과의 뜻으로 쓰이는 표현

- 선택관계를 나타내는 접속사 还是

문법 알아보기
- 지시 대명사 / 인과관계 접속사 구문 因为 , 개사 因为 '~때문에'

 서비스 이해하기

식사 서비스를 마친 후 기내 면세품 판매가 시작됩니다. 승무원은 해당 비행편에 구매 가능한 면세품 종류와 특징을 숙지하여 승객에게 정확하게 안내하고 승객이 원할 경우 적절하게 상품을 추천할 수 있어야 합니다. 또한 기내환율, 지불 가능한 화폐와 카드 종류를 확인하고 정확하게 계산할 수 있도록 합니다. 환승 승객의 경우 도착지 규정에 따라 액체류 면세품 구입 가능여부를 확인 후에 안내합니다.

乘务员: 您需要免税品吗?

Nín xūyào miǎnshuìpǐn ma?

면세품 구매하시겠습니까?

乘客: 是的，都有些什么?

Shìde，dōu yǒu xiē shénme?

네, 어떤 것들이 있죠?

乘务员: 请看这本购物月刊。

Qǐng kàn zhèběn gòuwù yuèkān.

네, 이 쇼핑책자를 참고해주십시오.

乘客: 谢谢。

Xièxie.

감사해요.

(잠시 후)

乘客: 请给我这个。

Qǐng gěi wǒ zhège.

저 이거 주세요.

乘务员: 好的，现金还是信用卡?

Hǎode，xiànjīn háishi xìnyòngkǎ?

네, 알겠습니다. 결제는 현금입니까, 아니면 신용카드입니까?

乘客:　信用卡吧。

Xìnyòngkǎ ba.

신용카드로 할게요.

(신용카드 계산 후 영수증을 드리면서)

乘务员:　请填写您的名字并签名。

Qǐng tiánxiě nín de míngzi bìng qiānmíng.

성함과 사인 부탁드립니다.

谢谢。您还要别的吗?

Xièxie. nín hái yào biéde ma?

감사합니다. 그 밖에 더 필요하신 것 있으십니까?

乘客:　不要了。

Bú yào le.

없습니다.

🐼 단어 1

需要 xūyào [동] 필요하다

买 mǎi [동] 사다

免税品 miǎnshuìpǐn 면세품

看 kàn [동] 보다

本 běn [양] 책을 세는 단위

购物 gòuwù [동] 구입하다, 쇼핑하다
　　　　　　　　　　　[명] 쇼핑

些 xiē 수량이 많음을 나타냄

月刊 yuèkān (신문, 잡지 등) 월간지

现金 xiànjīn [명] 현금

信用卡 xìnyòngkǎ [명] 신용카드

还是 háishi [접] ~또는(의문문에 쓰여 선
　　　　　　택 나타냄)

名字 míngzi [명] 이름

签名 qiānmíng [동] 서명하다

并 bìng [접] 또한, 게다가, 그리고, 또

乘务员: 您要买免税品吗?

Nín yào mǎi miǎnshuìpǐn ma?

면세품 구매 원하십니까?

乘客: 请给我一瓶酒。

Qǐng gěi wǒ yì píng jiǔ.

술 한 병 주세요.

乘务员: 您转机吗?

Nín zhuǎnjī ma?

혹시 환승하십니까?

乘客: 是的。

Shìde.

네, 그래요.

(도착지가 환승 승객 액체류 반입 불가 국가인 경우)

乘务员: 很抱歉。因为液体类的相关规定, 请转机后购买。

Hěn bàoqiàn. Yīnwèi yètǐlèi de xiāngguān guīdìng, qǐng zhuǎnjīhòu gòumǎi.

죄송합니다만, 액체류 관련 규정 때문에 환승 이후에 구매 부탁드립니다.

乘客: 好的。那么给我这个。

Hǎode. Nàme gěi wǒ zhège.

네, 알겠어요, 그럼 이것만 주세요.

乘务员: 要是您转机的话，您购买的酒需要液体包装。

Yàoshì nín zhuǎnjī dehuà, nín gòumǎi de jiǔxūyào yètǐ bāozhuāng.

만약 환승하신다면, 구매하신 주류는 액체 포장을 해야 합니다.

到目的地之前，请不要拆开。

Dào mùdìdì zhīqián, qǐng búyào chāikāi.

목적지에 도착하시기 전까지는 뜯지 마십시오.

 ## 단어 2

瓶 píng [양] 병을 세는 단위

抱歉 bàoqiàn [동] 죄송합니다. 미안하게 생각하다

因为 yīnwèi [접] ~때문에

液体类 yètǐlèi [명] 액체류

规定 guīdìng [명] 규정

相关 xiāngguān [동] 상관이 있다

航班 hángbān [명] 항공편

那么 nàme [접] 그러면, 그렇다면

购买 gòumǎi [동] 사다, 구매하나

包装 bāozhuāng [동] 포장하다

拆开 chāikāi [동] 뜯다

要是~的话 yàoshì~ dehuà 만약~ 한다면

🐼 핵심표현

1 기내에서 수수하는 화폐 단위

韩币 hánbì (韩元 hányuán)	한화	欧元 ōuyuán	유로화
日元 rìyuán	엔화	万事达卡 wànshìdákǎ	마스터카드
美金 měijīn (美元 měiyuán)	us 달러	维萨卡 wéisàkǎ	비자카드
人民币 rénmínbì	위안화(인민폐)	银联卡 yínliánkǎ	은련카드

零钱 língqián 잔돈   收据 shōujù 영수증

2 중국어에서 사과의 뜻으로 쓰이는 표현

不好意思 bùhǎoyìsi	실례합니다, 미안해요 (가벼운 사과의 말)
对不起 duìbuqǐ	미안합니다. 죄송합니다.
抱歉 bàoqiàn	대단히 죄송합니다. (격식을 갖춘 사과의 표현)

3 선택관계를 나타내는 접속사 还是

선택하고자 하는 항목을 두 개 혹은 몇개를 병렬하여 답하는 사람에게 그 중의 한 가지를 고르게 하는 의문문입니다. (是) 'A 还是 B'의 형식으로 'A입니까, B입니까?'라는 의미를 나타냅니다.

美金还是人民币?

달러입니까, 인민폐입니까?

Měijīn háishi rénmínbi?

现金还是信用卡?

현금입니까, 신용카드 입니까?

Xiànjīn háishi xìnyòngkǎ?

1 지시 대명사

가까운 것	먼 것	의문
这 zhè 이, 이것	那 nà 저, 저것	哪 nǎ 무엇, 어느 것, 어디
这个 zhège 이것	那个 nàge 저것	哪个 nǎge 어느, 어느 것
这些 zhèxiē 이러한, 이러한 것들	那些 nàxiē 저러한, 저런 것들	哪些 nǎxiē 어떤, 어느 ~들

2 因为

(1) 인과관계 접속사 구문 因为

원인과 결과 또는 판단을 나타내는 관계를 인과 관계라고 합니다.

'태풍이 와서 항공편이 취소되었다.' 또는 '액체류 관련 규정 때문에 환승 승객에게 주류를 판매할 수 없습니다.' 라는 문장 모두 원인과 결과를 나타내는 인과 관계에 속합니다. 이러한 표현을 하고 싶을 때 접속사 '因为'를 사용합니다.

因为 **A** (원인) 所以 **B** (결과)
yīnwèi   **suǒyǐ**

Ex 因为明天有hsk考试, 所以要学习汉语。
  Yīnwèi míngtiān yǒu HSK kǎoshì, suǒyǐ yào xuéxí Hànyǔ.

(2) 개사 因为 '~때문에'

원인을 나타내는 사람, 사물, 상황을 이끌어내어 표현한다.

Ex 因为液体类的相关规定，请转机后购买。

Yīnwèi yètǐlèi de xiāngguān guīdìng, qǐng zhuǎnjī hòu gòumǎi.

©www.hanol.co.kr

★ 승객에게 면세품 책자를 안내해 봅시다.

★ 승객이 어떤 물건을 구매하는지 확인하고 결제해 봅시다.

★ 액체류를 구매하시는 환승 승객을 응대해 봅시다.

PLUS 액체류 반입 규정

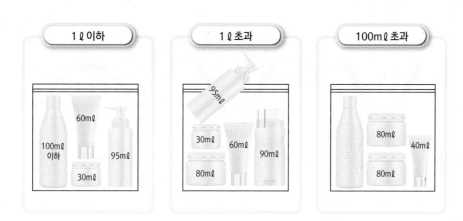

| 1ℓ 이하 | 1ℓ 초과 | 100mℓ 초과 |

기내에 반입 가능한 액체의 용량은 용기 1개당 100ML 이하, 총 1L이내로 제한되어 있습니다. 항공보안 규정이 나날이 엄격해지면서 규정은 언제든 변경될 수 있기에 승무원들은 항상 최신 규정을 숙지해야 합니다. 액체류 반입이 가능한 국가도 환승할 때 액체 포장을 하지 않으면 검사 시 세관에 압수를 당할 수 있습니다. 실제로 기내에서 주류 판매 시 승객의 최종 목적지를 묻지 않고 액체물품을 포장 없이 판매하여 승객이 주류를 압수당해 항공사에 컴플레인을 한 경우도 있었습니다.

액체류를 포장하는 투명 봉인 봉투를 훼손탐지가능봉투, STEP Security Tamper Evident Bag라고 합니다. 봉투안에는 구입 시 받은 영수증이 동봉되어야 하며 최종 목적지행 항공기를 탑승하기 전까지 개봉해서는 안 됩니다. 국가별로 규정이 상이하여 환승 시 액체류 구매가 불가한 국가도 있으니 승무원은 사전에 반드시 숙지하고 정확하게 안내해야 합니다.

Section 14

FAREWELL

- **학습목표**
  - 착륙준비에 대해 안내할 수 있다.
  - 하기 시 좌석에 대기하도록 안내할 수 있다.
  - 감사의 마음을 담아 승객에게 하기인사를 할 수 있다.

- **핵심표현**
  - 축하와 기원을 담은 祝

- **문법 알아보기**
  - 부사 都 / 부사 正 /在/ 正在 : 지금 ~하는 중이다

서비스 이해하기

　　FAREWELL은 비행의 마지막 단계로 항공사를 이용해주신 승객분들께 감사인사를 전하고 비행 이후 여정도 안전하고 순조롭길 바라는 마음도 전할 수 있습니다. 혹여 비행 중 불편을 겪으신 승객분께도 죄송한 마음을 전하고 잘 마무리할 수 있는 시간입니다. 아울러 비행 중 가장 중요한 시점인 착륙을 앞두고 안전, 보안 절차를 철저하게 수행하고 승객 하기 시에는 좋은 기억을 남기고 갈 수 있도록 승객 한 분 한 분께 밝은 얼굴로 인사드립니다.

乘务员: 请问, 您休息好了吗?

Qǐngwèn, nín xiūxi hǎo le ma?

실례하겠습니다. 편히 쉬셨습니까?

飞机降落后, 请在座位上稍等一下,

Fēijī jiàngluò hòu, qǐng zài zuòwèi shàng shāo děng yíxià,

等其他乘客都下完后再下机。

děng qítā chéngkè dōu xiàwán hòu zài xiàjī.

비행기 착륙 후, 다른 승객들이 모두 내릴 때까지 잠시만 기다려 주십시오.

乘客: 好的。

Hǎode.

네, 알겠습니다.

乘务员: 我们的飞机正准备降落。

Wǒmen de fēijī zhèng zhǔnbèi jiàngluò.

우리 비행기 지금 착륙 준비중입니다.

为了您的安全, 请坐在座位上, 系好安全带。

Wèile nínde ānquán, qǐng zuòzài zuòwèi shàng, jìhǎo ānquándài.

안전을 위해 자리에 앉아 좌석벨트를 매주시기 바랍니다.

(항공기 도착 후 하기 시)

乘务员: 谢谢, 再见。

Xièxie, zàijiàn.

감사합니다. 안녕히가십시오.

乘客: 辛苦了。谢谢你。

Xīnkǔle. Xièxie nǐ.

애 많이 쓰셨어요. 감사합니다.

乘务员: 不客气。这是我们应该做的。祝您旅途愉快。

Búkèqi. Zhè shì wǒmen yīnggāi zuòde. Zhù nín lǚtú yúkuài.

아, 아닙니다. 마땅히 저희가 해야 할 일입니다. 즐거운 여행 되시기 바랍니다.

🐼 단어

休息 xiūxi [명] 휴식, [동] 쉬다

下机 xiàjī [동] 하기하다, 내리다

其他 qítā [대] 다른

乘客 chéngkè [명] 승객

都 dōu [부] 모두

正 zhèng [부] 지금(현재 진행중임을 나타냄)

准备 zhǔnbèi [동] 준비하다

降落 jiàngluò [동] 착륙하다

辛苦 xīnkǔ [형] 수고하다, 고생하다

祝 zhù [동] ~하길 바라다

旅途 lǚtú [명] 여행길, 여정

愉快 yúkuài [형] 즐겁다, 유쾌하다

🐼 핵심표현

1 祝

상대방에게 축하와 기원의 마음을 전할 때 쓸 수 있는 단어로 '~ 축하하다, ~하길 바라다' 의 의미를 나타냅니다.

祝你生日快乐。 Zhù nǐ shēngrì kuàilè.	당신의 생일을 축하합니다
祝你成功。 Zhù nǐ chénggōng.	당신의 성공을 기원합니다
祝您好运。 Zhù nín hǎoyùn.	행운이 있으시길 바랍니다.
祝您旅途愉快。 Zhù nín lǚtú yúkuài.	즐거운 여행 되시기 바랍니다

生日 shēngrì [명] 생일   快乐 kuàilè [형] 즐겁다, 행복하다

好运 hǎoyùn [명] 행운, 좋은 기회   成功 chénggōng [동] 성공하다 [형] 성공적이다

2 환송 인사 표현

再见！ Zàijiàn!	또 만나요!
下次再见！ Xiàcì zàijiàn!	다음에 또 만나요!
请慢走！ Qǐng mànzǒu!	안녕히 가세요!
请走好！ Qǐng zǒuhǎo!	안녕히 가세요!
希望再次见面！ Xīwàng zàicì jiànmiàn!	다음에 또 뵙길 바랍니다!
祝您旅途愉快！ Zhù nín lǚtú yúkuài!	즐거운 여행 되시기 바랍니다!

1 부사 都

부사 '都' 는 동작의 범위를 제한하는 범위부사에 속하며 '전부, 모두' 의 의미를 나타냅니다.

주어 뒤에 바로 위치하여 주어의 범위를 제한한다.

주어 + 都 + 술어(동사)

Ex 等其他乘客都下完后再下机。 다른 승객들이 모두 내릴 때까지
děng qítāchéngkèdōu xiàwán hòu zài xiàjī.

我们都是乘务员。 Wǒmen dōu shì chéngwùyuán.	우리는 모두 승무원입니다.
中国菜都好吃。 Zhōngguócài dōu hǎochī.	중국요리는 전부 맛있어요.
你家都有什么人? Nǐ jiā dōu yǒu shénme rén?	가족이 어떻게 되세요? (구성원)

- 菜 cài [명] 요리, 음식
- 好吃 hǎochī [형] 맛있다
- 家 jiā [명] 집, 가정

2 부사 正 /在/ 正在: 지금 ~하는 중이다

	正 zhèng	在 zài	正在 zhèngzài
차이점	동작의 진행을 강조	상태의 지속을 강조	동작의 진행과 상태의 지속을 강조
형식	正 + 동사 + (着)呢	在 + 동사 + (呢)	正在 + 동사 + (呢)
예문	我们的飞机正准备降落。 Wǒmen de fēijī zhèng zhǔnbèi jiàngluò. 착륙 준비 중입니다.	她在休息(呢) Tā zài xiūxi (ne). 그는 쉬고 있는 중이다.	他们正在听音乐(呢) Tāmen zhèngzài tīng yīnyuè (ne). 그들은 음악을 듣고 있는 중이다.

🐼 Role Play

©www.hanol.co.kr

승객에게 하기인사를 해 봅시다.

승객에게 착륙준비를 안내해 봅시다.

하기 시 승객에게 인사해 봅시다.

Part 02

심화편

CONTENTS

Section 15   기내에서 좌석안내

Section 16   시간 & 시차 안내

Section 17   날찌 안내

Section 18   기내서비스용품 안내

Section 19   대표적인 한식소개

Section 20   특별 기내식 안내 및 서비스

Section 21   2nd 식사서비스 / choice 불가 시 응대

Section 22   기내면세품 판매 2

Section 23   기내 엔터테인먼트 안내

Section 24   아프신 승객 응대

기내에서 좌석안내

 학습목표

- 좌석번호를 중국어로 말할 수 있다.

- 좌석번호에 따라 정확한 위치를 안내할 수 있다.

- 좌석에 잘못 앉으신 승객을 원래 좌석으로 안내할 수 있다.

핵심표현

- 좌석번호대로 정확한 위치를 안내하는 표현/중국어 숫자 표현

문법 알아보기

- 의문대사 多少/동사중첩 看看 / 太~ 了

서비스 이해하기

탑승 시 승객의 좌석안내를 돕는 일은 매우 중요하며 승객의 착석여부를 확인하고 DoorClose 전 실제 탑승자 수가 일치하는지 확인해야 합니다. 이는 항공기 정시출발에 영향을 미치므로 승무원은 담당 Zone 승객들의 좌석안내를 적극적으로 도우며, 스페셜 밀 확인 등 승객명과 좌석번호로 확인하는 일이 있으므로 정확한 좌석에 착석하도록 안내합니다.

乘务员: 早上好！ 先生。

Zǎoshanghǎo! xiānsheng.

안녕하십니까!

乘客: 早上好, 我的座位在哪里?

Zǎoshanghǎo, wǒde zuòwèi zài nǎli?

안녕하세요, 제 좌석이 어디인가요?

乘务员: 您的座位号是多少?

Nín de zuòwèihào shì duōshao?

좌석번호가 몇 번입니까?

乘客: 32K.

Sānshí'èr k.

32K입니다.

乘务员: 一直往前走, 第四排左侧靠窗的座位。

Yìzhí wǎngqián zǒu, dìsìpái zuǒcè kàochuāng de zuòwèi.

앞으로 곧장 가서서 네번째 왼쪽 창가 좌석입니다.

请随我来!

Qǐng suí wǒ lái!

저를 따라오세요!

要我帮您拿行李吗?

Yào wǒ bāng nín ná xíngli ma?

제가 짐을 들어드릴까요?

乘客:　太谢谢您了。

Tài xièxie nín le.

정말 감사합니다.

Tip

중국인 승객들은 짐을 위탁 수하물로 부치지 않고 기내로 가지고 오는 경우가 많으므로, 좌석 안내 시 승객들의 짐 보관도 적극적으로 도와주어야 합니다.

단어 1

- 座位 zuòwèi [명] 좌석

- 号 hào [명] 번호

- 座位号 zuòwèi hào 좌석 번호

- 多少 duōshao [의문대사] 얼마, 어느정도,

- 一直 yìzhí [부] 계속, 곧장

- 走 zǒu [동] 가다

- 左边 zuǒbiān [명] 좌측, 왼편, 왼쪽

- 左侧 zuǒcè [명] 좌측, 왼편, 왼쪽

- 靠窗 kàochuāng [명] 창가 쪽

- 随 suí [동] 따르다

- 帮 bāng [동] 돕다

- 拿 ná [동] 쥐다, 잡다, 들다

- 行李 xíngli [명] 짐

- 太~ 了 tài ~ le 너무~ 하다

- 四排 sìpái 4번째 줄

- 第 dì [명] 순서, 차례 (수사 앞에서) 제

乘务员: 对不起，女士. 我可以看看您的登机牌吗?

Duìbuqǐ, nǚshì. Wǒ kěyǐ kànkan nínde dēngjīpái ma?

죄송합니다만, 여사님. 제가 탑승권을 좀 봐도 되겠습니까?

乘客: 好的。

Hǎode.

네.

乘务员: 您可能坐错位置了。

Nín kěnéng zuòcuò wèizhì le.

좌석을 잘못 앉으신 것 같습니다.

这是54**A**，而您的座位号是52**A**.

Zhèshì wǔshísìA, ér nín de zuòwèihào shì wǔshíèr A.

이 좌석은 54**A**이고, 당신의 좌석은 52**A**입니다.

前边第二排靠窗的座位。

Qiánbian dì èrpái kàochuāng de zuòwèi.

두번째 줄 앞 창가 좌석입니다.

乘客: 谢谢您。

Xièxie nín.

감사합니다.

看看 kànkan [동] 살펴보다, 좀 보다

而 ér [접] 그리고, 그러면서도,

可能 kěnéng [부] 아마~일 것이다

前边 qiánbian [명] 앞쪽

错 cuò [동] 틀리다

位置 wèizhì [명] 위치

🐼 **핵심표현**

1 승객의 좌석을 정확하게 안내할 때 쓰는 표현

<u>一直</u>	往前 走	<u>第四排</u>	<u>左边</u>	<u>靠窗</u>	的	座位。
Yìzhí	wǎngqián zǒu	dì sìpái	zuǒbian	kàochuāng	de	zuòwèi.
곧장	가셔서	네 번째	왼쪽	창가		좌석입니다.

<u>往后</u>	走	<u>第三排</u>	<u>右边</u>	<u>过道</u>	的	座位。
Wǎnghòu	zǒu	dìsānpái	yòubian	guòdào	de	zuòwèi.
뒤쪽으로	가셔서	세 번째	오른쪽	복도		좌석입니다.

아래의 두 문장을 풀어보세요!

1. 이쪽으로 가셔서 두 번째 줄 통로 좌석입니다.

   ➡

2. 저쪽으로 가셔서 다섯 번째 줄 중간 좌석입니다

   ➡

2 숫자표현

1에서 99까지 숫자읽기는 우리말의 숫자 읽기 방법과 동일하며, 단 100의 경우에는'백'이
아닌'일백'으로 읽는 점에 주의해야 합니다.

- 숫자 '0'은 '**líng** (零)'으로 나타냅니다.
- 十[**shí**]는 원래 2성이지만, 45[**sìshíwǔ**]같이 十 전후에 숫자가 오면 [**shi**] 경성으로 발
음 한다.
- 방 번호, 혹은 전화번호와 같은 숫자에서 '1'은 '**yāo** (幺)'로 읽습니다.

301 号 **sān líng yāo hào**
010- 1234- 5678 **líng yāo líng yāo èr sān sì wǔ liù qī bā**

- 숫자 2는 대부분의 경우 양사 앞에서 '二' 대신 '两 **liǎng**'을 씁니다.
- 200은 두 가지가 다 사용되지만, 2000은 반드시 '两'만 사용합니다.

两个 liǎng gè 두 개 / 两点 liǎng diǎn 두 시 / 两瓶酒 liǎng píng jiǔ 술 두 병

点 diǎn [명] 시

중국어로 숫자 읽기

숫자	한자	발음
0	零	líng
1	一	yī
2	二	èr
3	三	sān
4	四	sì
5	五	wǔ
6	六	liù
7	七	qī
8	八	bā
9	九	jiǔ
10	十	shí
11	十一	shíyī
21	二十一	èrshíyī
34	三十四	sānshísì
45	四十五	sìshíwǔ
56	五十六	wǔshíliù
67	六十七	liùshíqī
78	七十八	qīshíbā
89	八十九	bāshíjiǔ
92	九十二	jiǔshíèr
100	一百	yìbǎi
205	二百五	èrbǎi wǔ
389	三百八十九	sānbǎi bāshíjiǔ
1000	一千	yìqiān
10000	一万	yíwàn
30700	三万零七百	sānwàn líng qībǎi
82005	八万两千零五	bāwàn liǎngqiān língwǔ

※ 중간에 '0'이 한 번 이상 들어간 경우는 꼭 한 번만 읽어줘야 한다. 또한 끝부분에 '0'이 있는 경우 '0' 단위를 생략하고 읽을 수 있습니다.
'0'이 앞뒤로 있는 경우 뒤에 있는 '0'앞의 마지막 단위는 반드시 읽어줍니다.

🐼 문법 알고 가기

1 의문대사 多少

의문대사 '多少'는 '얼마, 몇' 이라는 뜻으로 구체적인 수나 양을 물어 볼 때 사용하며, 문장 끝에 '吗'는 사용하지 않는다.

您的座位号是
Nín de zuòwèihào shì

您的手机号码是
Nín de shǒujīhàomǎ shì

你的学号是
Nǐde xuéhào shì

多少?
duōshao?

手机号码 shǒujīhàomǎ 핸드폰 번호   学号 xuéhào 학번

문제 1 아래의 좌석번호를 읽어봅시다.

28**A**   36**C**   47**F**   69 **G**   69 **D**

문제 2 본인의 핸드폰 번호를 말해봅시다.

문제 3 본인의 학번을 말해봅시다.

• 133

2 동사중첩 看看

동사는 1음절일 때에는 **AA**형식으로, 2음절일 때에는 **ABAB** 형식으로 중첩하며 '잠시~하다, 좀~해보다, 시도해보다' 라는 의미를 나타냅니다.

我可以看看您的登机牌吗? Wǒ kěyǐ kànkan nín de dēngjīpái ma?	제가 탑승권 좀 봐도 되겠습니까?
你去看看。 Nǐ qù kànkan.	당신이 가서 좀 보세요.
我想听听音乐。 Wǒ xiǎng tīngting yīnyuè.	난 음악을 좀 듣고 싶어요.
我想休息休息。 Wǒ xiǎng xiūxi xiūxi.	난 좀 쉬어야겠어요.

3 太~ 了

'지나치게(매우/너무/대단히)~하다' 라는 표현입니다. '太' 와 호응하여 붙는 '了' 는 생략할 수 있습니다.

太 + 형용사/동사 + (了)

太贵了 Tài guì le.	너무 비싸다.
太大了 Tài dà le.	매우 크다.
太好了 Tài hǎo le.	아주 좋다, 잘 됐다.

贵 guì [형] 비싸다, 귀하다   大 dà [형] 크다

🐼 **check-up**

주어진 단어를 활용하여 문장을 만들고 말해 보세요.

1. 좌석번호가 몇 번 입니까?

您	座位号	的	是	多少
nín	zuòwèihào	de	shì	duōshao

2. 앞으로 곧장 가셔서 네 번째 왼쪽 창가좌석입니다.

往前	一直	第	左側	四排	走
wǎngqián	yìzhí	dì	zuǒcè	sìpái	zǒu

座位	的	靠窗
zuòwèi	de	kàochuāng

3. 저를 따라 오십시오.

隨	请	我	来
suí	qǐng	wǒ	lái

4. 제가 짐 옮기는 것을 도와드릴까요?

行李	帮	要	拿	我	您	吗
xíngli	bāng	yào	ná	wǒ	nín	ma

5. 제가 탑승권을 좀 봐도 되겠습니까?

的	我	您	吗	看看	登机牌
de	wǒ	nín	ma	kànkan	dēngjīpái

可以
kěyǐ

6. 좌석을 잘못 앉으신 것 같습니다.

错	您	坐	可能	了	位置
cuò	nín	zuò	kěnéng	le	wèizhì

7. 여기는 54A이고, 당신의 좌석은 52A입니다.

而	这是	是	54A	您的	52A
ér	zhè shì	shì	wǔshísìA	nín de	wǔshí'èrA

座位号
zuòwèihào

8. 두 번째 줄 앞 창가 좌석입니다.

第	靠窗	的	二排	前边	座位
dì	kàochuāng	de	èr pái	qiánbiān	zuòwèi

Role Play

©www.hanol.co.kr

승객의 좌석번호를 확인하고 좌석을 안내해봅시다.

좌석에 잘못 앉으신 승객에게 정확한 좌석을 안내해봅시다.

Section 16

시간 & 시차 안내

 학습목표
- 현재 시각을 말할 수 있다.
- 출 도착 시각을 말할 수 있다.
- 소요 시간을 말할 수 있다.
- 도시간의 시차 정보를 제공할 수 있다.

핵심표현
- 시간대를 구분하는 표현/행위의 발생 시각을 표현하는 방법
- 시차를 표현하는 방법/시간의 단위와 정도를 나타내는 표현

문법 알아보기
- 시각을 표현하는 방법 点 / 分 / 差 / 刻

 ## 서비스 이해하기

자주 여행하는 승객들은 출 도착 시각이나 도시 간 시차에 대해 잘 알고 있지만 그렇지 않은 승객들도 있습니다. 특히 현지 도착시각이나, 시차에 대해 묻는 경우가 많으므로 승무원은 국가별 시차에 대해 숙지해야합니다. 또한 시차로 인해 요일이 변경되거나 오전, 오후가 달라지는 경우도 있으므로 정확하게 안내해야합니다.

乘客:　请问，从首尔到上海要多长时间?

Qǐngwèn, cóng shǒu'ěr dào shànghǎi yào duōcháng shíjiān?

실례합니다. 상해에서 서울까지 얼마나 걸리나요?

乘务员:　我们的飞行时间大约一个半小时。

Wǒmen de fēixíng shíjiān dàyuē yí ge bàn xiǎoshí.

비행시간은 약 1시간 30분입니다.

乘客:　现在几点?

Xiànzài jǐdiǎn?

지금 몇 시인가요?

乘务员:　现在上午10点20分。

Xiànzài shàngwǔ shídiǎn èrshífēn.

지금은 오전 10시 20분입니다.

乘客:　你能告诉我 一下两地的时差吗?

Nǐ néng gàosu wǒ yíxià liǎngdì de shíchā ma?

두 도시의 시차가 얼마나 되나요?

乘务员:　上海与首尔的时差是一个小时。

Shànghǎi yǔ shǒu'ěr de shíchā shì yí ge xiǎoshí.

상해와 서울의 시차는 1시간입니다.

我们会在当地时间上午10点50分抵达上海。

Wǒmen huì zài dāngdìshíjiān shàngwǔ shídiǎn wǔshífēn dǐdá shànghǎi.

현지시각으로 오전 10시 50분에 상해에 도착합니다.

乘客:　太谢谢您了。

　　　　Tài xièxie nín le.

　　　　정말 고마워요.

단어 1

· 从 ~ 到 cóng ~ dào [접] ~에서 ~까지

· 多长 duōcháng 얼마나

· 时间 shíjiān [명] 시간(시각과 시각사이)

· 飞行 fēixíng [동] 비행하다

· 大约 dàyuē [부] 대략, 아마도

· 小时 xiǎoshí [명] 시간, 시간단위

· 现在 xiànzài [명] 지금, 현재

· 几 jǐ [수] 몇

· 点 diǎn [명] 시

· 分 fēn [명] 분

· 半 bàn [수] 반, 절반

· 告诉 gàosu [동] 알려주다, 말하다

· 时差 shíchā [명] 시차

· 与 yǔ [접] ~와 [개] ~와, ~함께

· 会 huì [동] ~할 가능성이 있다, 할 것이다

· 当地 dāngdì [명] 현지

· 抵达 dǐdá [동] 도착하다, 도달하다

· 上午 shàngwǔ [명] 오전

· 刻 kè [양] 시간단위 (15분)

· 差 chà [동] 부족하다 모자라다

 세계 주요도시

洛杉机 Luòshānjī	로스엔젤러스	芝加哥 Zhījiāgē	시카고
华盛顿 Huáshèngdùn	워싱턴	巴黎 Bālí	파리
旧金山 Jiùjīnshān	샌프란시스코	伦敦 Lúndūn	런던
纽约 Niǔyuē	뉴욕	罗马 Luómǎ	로마
仁川 Rénchuān	인천	金浦 Jīnpǔ	김포

도시명 중국어 표현은 1과 오리엔테이션 內 'PLUS
세계 각국 도시명으로 발음 익히기' 참고

🐼 핵심표현

1 시간대를 구분하는 표현

아침	오전	정오	오후	저녁
早上	上午	中午	下午	晚上
zǎoshang	shàngwǔ	zhōngwǔ	xiàwǔ	wǎnshang

2 행위의 발생 시각을 표현하는 방법

행위자	+	발생시각	+	행위
Wǒ		jiǔdiǎn		**qù jīchǎng.**
我		**九点**		**去机场**。
나는		9시에		공항에 갑니다.

我七点起床。 Wǒ qīdiǎn qǐchuáng.	저는 7시에 일어납니다.
我八点吃饭。 Wǒ bādiǎn chīfàn.	저는 8시에 밥을 먹습니다.
我九点半上学。 Wǒ jiǔdiǎn bàn shàngxué.	저는 9시 반에 학교를 갑니다.
我四点回家。 Wǒ sìdiǎn huíjiā.	저는 4시에 집에 돌아옵니다.

3 시차를 표현하는 방법

출발도시		도착도시		시차
仁川 Rénchuān	与 yǔ	洛杉矶 Luòshānjī	的时差是 de shíchāshì	16个小时
仁川 Rénchuān		罗马 Luómǎ		7个小时

문제 1 도시 간 시차를 중국어로 말해 봅시다.

출발도시	도착도시	시차
인천(KE 081)	뉴욕	13 시간
인천(OZ561)	로마	7 시간
김포(KE2815)	상해	1 시간

4 시간의 단위와 정도를 나타내는 표현

'한 시간, 두 시간, 세 시간'과 같이 시간의 흐름 정도를 나타낼 때는 **숫자 + 小时**으로 표현합니다.

— 我们的飞行时间**大约**一个半小时。

    Wǒmen de fēixíng shíjiān dàyuē yí gèbàn xiǎoshí.

한 시간	一个小时	한 시간 반	一个半小时
두 시간	两个小时	두 시간 사십 분	两 (个) 小时四十分钟
세 시간	三个小时	세시간 이십 분	三 (个) 小时二十分钟
네 시간	四个小时	네 시간 오 분	四 (个) 小时零五分钟
다섯 시간	五个小时	다섯 시간 십 분	五 (个) 小时十分钟
일곱 시간	七个小时	일곱 시간 오십 분	七 (个) 小时五十分钟
열한 시간	十一个小时	열한 시간 사십 오 분	十一 (个) 小时四十五分钟
열세 시간	十三个小时	열세 시간 이십 사 분	十三 (个) 小时二十四分钟

시간 뒤에 분이 있을 때는 보통 '个'를 잘 쓰지 않고 생략합니다. 단, 한 시간 반은 '个'를 씁니다.

문제 1 비행시간을 중국어로 말해 봅시다.

출발도시	도착도시	비행시간
인천(KE 081)	뉴욕	14시간 15분
인천(OZ561)	로마	10시간 45분
김포(KE2815)	상해	2시간

5 연도, 날짜, 요일 표현

(1) 연도 표현

연도를 읽을 때는 숫자를 하나하나 읽습니다.

2015年 二零一五年　èr líng yī wǔ nián
2004年 二零零四年　èr líng líng sì nián

(2) 날짜 표현

월과 일을 말할 때는 한국어 표현과 같다.

숫자	月 yuè	숫자	号 hào	구어체
			日 rì	문어체

2015年 7月 27日 二零一五年七月二十七日[èr líng yī wǔ nián qī yuè èr shí qī rì(hào)]
2004年 12月 25日 二零零四年十二月二十五日[èr líng líng sì nián shí èr yuè èr shí wǔ rì(hào)]

(3) 요일 표현

월요일	星期一 xīnqīyī	周一 zhōu yī	礼拜一 lǐbài yī
화요일	星期二 xīngqī'èr	周二 zhōu'èr	礼拜二 lǐbài'èr
수요일	星期三 xīngqīsān	周三 zhōu sān	礼拜三 lǐbài sān
목요일	星期四 xīngqīsì	周四 zhōu sì	礼拜四 lǐbài sì
금요일	星期五 xīngqīwǔ	周五 zhōu wǔ	礼拜五 lǐbài wǔ
토요일	星期六 xīngqīliù	周六 zhōu liù	礼拜六 lǐbài liù
일요일	星期天(日) xīngqītiān [rì]	周日 zhōu rì	礼拜天(日) lǐbài tiān (rì)

星期 xīngqī 요일　　　　周 zhōu 주　　　　礼拜 lǐbài 주, 요일

 **문법 알고 가기**

1 시각을 표현하는 방법

yī	diǎn	èrshí	fēn
一	点	二十	分
1	시	20	분

'一 **yī**'가 숫자 1을 의미하는 경우 성조가 변하지 않습니다.

10분 미만의 경우 숫자 앞에 零[líng]을 덧붙여 零 一 分[líng yī fēn](1분), 零七分 [líng qī fēn](7분) 등과 같이 표현하기도 합니다.

두시는 '二点 **èr diǎn**'이 아니라 '两点 **liǎng diǎn**'으로 표현합니다.

15분, 30분, 45분은 아래와 같이 간결하게 표현할 수 있습니다.

yí kè	bàn	sān kè
一刻（十五分）	半（三十分）	三刻（四十五分）

45분 이후는 '差[chà] + 정각까지 남은 시간' 형식을 사용하여 표현합니다.

差一刻八点 [chà yí kè bā diǎn] 8시 15분 전

差五分三点 [chà wǔ fēn sān diǎn] 3시 5분 전

문제1 항공편의 출발시각과 도착시각을 중국어로 말해봅시다.

출발도시	출발시각	도착도시	도착시각
인천(KE 081)	10:05	뉴욕	11:20
인천(OZ561)	20:15	로마	14:00
김포(KE2815)	16:15	상해	17:15

주어진 단어를 활용하여 문장을 만들고 말해 보세요.

1. 비행시간은 약 1시간 반입니다.

时间	一个半	飞行	我们的	大约
shíjiān	yí ge bàn	fēixíng	wǒmen de	dàyuē

小时
xiǎoshí

2. 오전 10시 20분 입니다.

上午	点	10	20	现在	分
shàngwǔ	diǎn	shí	èrshí	xiànzài	fēn

3. 상해와 서울의 시차는 한 시간입니다.

首尔	的	与	上海	是	一个
Shǒu'ěr	de	yǔ	Shànghǎi	shì	yí ge

时差	小时
shíchā	xiǎoshí

4. 저희는 현지시각으로 오전 10시 50분에 상해에 도착합니다.

当地	我们	在	会	时间	分
dāngdì	wǒmen	zài	huì	shíjiān	fēn

上海	上午	10	50	点	抵达
Shànghǎi	shàngwǔ	shí	wǔshí	diǎn	dǐdá

 **Role Play**

©www.hanol.co.kr

★ 승객에게 도시 간 시차를 설명해 봅시다.

★ 승객에게 현지 도착 시각을 안내해 봅시다

★ 승객에게 비행시간을 안내해 봅시다.

Section 17

날씨 안내

 학습목표
- 날씨를 표현할 수 있다.
- 온도를 말할 수 있다.
- 날씨로 인한 항공기 지연 사유를 안내할 수 있다.

핵심표현
- 기본적으로 쓰이는 날씨 표현 / 동사 听说

문법 알아보기
- 명사술어문 / 형용사술어문 / 접속사 如果

서비스 이해하기

　　합동 브리핑 시 기장이 도착지 날씨에 대해 브리핑함으로 승무원은 이를 잘 숙지합니다. 또한 이륙 후 기장 안내 방송과 좌석에 장착된 AVOD에도 도착지 날씨에 대한 정보가 있습니다. 간혹 방송 내용을 놓치거나 AVOD 사용이 익숙하지 않은 승객들은 승무원에게 날씨에 대한 정보를 물어볼 수 있습니다. 이때 승객들에게 정확하게 안내하는 것이 필요합니다.

乘客: 　小姐，请告诉我当地的天气好吗？

Xiǎojiě, qǐng gàosu wǒ dāngdìde tiānqì hǎo ma?

승무원, 현지 날씨가 좋은가요?

乘务员: 今天洛杉矶很热，最高气温是32度。

Jīntiān Luòshānjī hěn rè, zuìgāo qìwēn shì sānshí'èr dù.

오늘 로스엔젤레스의 날씨는 덥습니다. 최고기온이 32도입니다.

听天气预报说，今天晚上会下雨。

Tīng tiānqì yùbào shuō, jīntiān wǎnshang huì xiàyǔ.

일기예보에서 오늘 밤에 비가 올 거라고 했습니다.

乘客: 　啊! 今天晚上下雨，我还是早点儿去(回)宾馆休息吧。

A! Jīntiān wǎnshang xiàyǔ, wǒ háishì zǎodiǎnr qù(huí) bīnguǎn xiūxi ba.

아! 오늘 밤에 비가 온다구요, 빨리 호텔에 가서 쉬어야겠네요.

谢谢你。

Xièxie nǐ.

감사합니다.

- 天气 tiānqì [명] 날씨
- 热 rè [형] 덥다
- 最高 zuìgāo [형] 가장 높다, 최고이다
- 气温 qìwēn [명] 기온
- 度 dù [양] 도
- 听说 tīng shuō [동] 듣자 하니

- 会 huì [동] ~할 가능성이 있다, ~할 것이다
- 下雨 xiàyǔ [동] 비가 오다
- 早点儿 zǎodiǎnr 일찍
- 宾馆 bīnguǎn [명] 호텔
- 天气预报 tiānqì yùbào [명] 일기예보

🐼 회화 2 - 날씨로 인한 지연 안내

乘客: 小姐、我刚才听到广播说飞机现在不能起飞，为什么？

Xiǎojiě, wǒ gāngcái tīngdào guǎngbō shuō fēijī xiànzài bù néng qǐfēi, wèishénme?

승무원, 방금 비행기가 이륙을 못하고 있다는 안내방송을 들었는데 왜 그런가요?

乘务员: 不好意思，先生。

Bùhǎoyìsi, xiānsheng.

죄송합니다.

因为现在下大雪，所以需要天气好转了以后再起飞。

Yīnwèi xiànzài xià dàxuě, suǒyǐ xūyào tiānqì hǎozhuǎn le yǐhòu zài qǐfēi.

현재 폭설이 내려 날씨가 좋아진 이후에 이륙하겠습니다.

乘客:　　哦! 是这样。 谢谢你。

Ò! Shì zhè yàng. Xièxie nǐ.

아 그렇습니까? 감사합니다.

乘务员:　不用谢，如果再发生其他情况会告诉您。

Búyòngxiè,　rúguǒ zài fāshēng qítā qíngkuàng huì gàosu nín.

천만에요，만약 다른 상황이 생기면 말씀드리겠습니다.

단어 2

- 刚才 gāngcái [명] 방금

- 听到 tīngdào [동] 들었다

- 广播 guǎngbō [명] 방송 [동] 방송하다

- 为什么 wèishénme [부] 왜, 무엇때문에

- 因为 ~ 所以 yīnwèi ~ suǒyǐ ~때문에 그래서

- 好转 hǎozhuǎn [동] 호전되다

- 其他 qítā [대] 기타, 다른

- 这样 zhèyàng [대] 이렇게, 이와같다

- 如果 rúguǒ [접] 만약, 만일

- 发生 fāshēng [동] 생기다, 발생하다

- 情况 qíngkuàng [명] 상황, 정황

- 哦 ò [감] (어떤 사실이나 상황을 깨달음) 아! 오!

- 再 zài [부] 다시, 재

1 기본적으로 쓰이는 날씨 표현

승무원이라면 출 도착지의 시각, 시차 외에 날씨까지 정확한 현지 정보를 숙지하여 승객에게 전달해야 합니다.

晴天	qíngtiān	[명] 맑은 날씨
晴	qíng	[형] 맑다
晴朗	qínglǎng	[형] 쾌청하다
凉爽	liángshuǎng	[형] 시원 상쾌하다
凉快	liángkuài	[형] 시원하다
温暖	wēnnuǎn	[형] 따뜻하다
热	rè	[형] 덥다
寒冷	hánlěng	[형] 춥고 차다
冷	lěng	[형] 춥다
阴	yīn	[형] 흐리다
阴天	yīntiān	[명] 흐린 날씨
雨	yǔ	[명] 비
阵雨	zhènyǔ	[명] 소나기
下雨	xiàyǔ	[동] 비가 오다
下暴雨	xiàbàoyǔ	[동] 폭우가 내리다
下雪	xiàxuě	[동] 눈이 내리다
大雾	dàwù	[명] 짙은 안개
薄雾	bówù	[명] 옅은 안개
刮风	guāfēng	[동] 바람이 불다
台风	táifēng	[명] 태풍
早晚温差	zǎowǎnwēnchā	일교차
梅雨	méiyǔ	[명] 장마
打雷	dǎléi	[동] 천둥이 치다

❷ 동사 听说

'듣는 바로는, 듣자니~이라 한다' 의 의미로 사용합니다.

听说他明天来。
Tīngshuō tā míngtiān lái.

그가 내일 온다고 들었어요.

听说哈尔滨很冷。
Tīngshuō Hā'ěrbīn hěn lěng.

하얼빈이 춥다고 들었어요.

听天气预报说, 今天晚上会下雨。
Tīng tiānqì yùbào shuō, jīntiān wǎnshang huì xiàyǔ.

일기예보에서 오늘 밤에 비가 올 거라고 했어요.

🐼 문법 알고 가기

1 명사술어문

명사는 일반적으로 단독으로 술어가 될 수 없습니다. 단, 날짜, 시간, 날씨 등을 나타낼 때는 명사만으로도 술어가 될 수 있습니다.

明天阴天。 Míngtiān yīntiān.	내일은 흐리다.
今天星期天。 Jīntiān xīngqītiān.	오늘은 일요일이다.
现在两点。 Xiànzài liǎngdiǎn.	지금은 2시이다.

2 형용사술어문

형용사 술어는 일반적으로 【주어 + 很 + 형용사】 형식으로 쓰이며, 부정은 【주어 + 不 + 형용사】 로 쓰입니다. 날씨를 애기할 때도 형용사 술어문으로 표현할 수 있습니다.

今天天气**很**热。 **Jīntiān tiānqì hěn rè**. 오늘 날씨가 더워요.

今天天气**不**热。 **Jīntiān tiānqì bú rè**. 오늘 날씨가 덥지 않아요.

今天我**很**忙。 **Jīntiān wǒ hěn máng**. 저는 오늘 바빠요.

今天我**不**忙。 **Jīntiān wǒ bù máng** 저는 오늘 바쁘지 않아요.

3 접속사 如果

'만약에 승무원이 된다면 첫 월급으로 부모님께 선물을 사 드릴거야' 라는 문장을 살펴보면 먼저 '승무원이 된다면' 이라는 가정을 하고 그 가정 뒤에 '부모님께 선물을 사 드리겠다.' 라는 결과를 나타냅니다. 이와 같이 어떠한 상황을 가정하고 그 가정에 따른 결과를 나타내는 것을 가정 관계라고 합니다.

如果 A (的话), 就 / 便 / 那 (么) B : 만약 A 하면 B이다.

> 如果 뒤에 오는 ~ 的话와 (就 / 便 / 那么)는 생략할 수 있습니다.

如果您有需要的话, 就叫我们。 Rúguǒ nín yǒu xūyào de huà, jiù jiào wǒmen.	만약에 필요한 것이 있으시다면, 저희를 불러주세요
如果再发生其他情况会告诉您。 Rúguǒ zài fāshēng qítā qíngkuàng huì gàosu nín.	만약 다른 상황이 생긴다면, 당신에게 말씀드리겠습니다.

check-up

주어진 단어를 활용하여 문장을 만들고 말해 보세요.

1. 오늘 로스엔젤레스의 날씨는 덥습니다.

热	很	洛杉矶	今天
rè	hěn	Luòshānjī	jīntiān

2. 최고온도가 32도입니다.

气温	度	最高	是	32
qìwēn	dù	zuìgāo	shì	sānshí'èr

3. 일기예보에서 오늘 밤에 비가 올것라고 했습니다.

天气预报	说	听	晚上	会
tiānqì yùbào	shuō	tīng	wǎnshang	huì

今天	下雨
jīntiān	xiàyǔ

4. 현재 폭설이 내려 날씨가 좋아진 이후에 이륙을 하겠습니다.

大雪	所以	下	再	天气	以后
dàxuě	suǒyǐ	xià	zài	tiānqì	yǐhòu

起飞	需要	现在	因为	好转了
qǐfēi	xūyào	xiànzài	yīnwèi	hǎozhuǎn le

5. 만약 다른 상황이 생기면 말씀드리겠습니다.

再	会	情况	您	其他
zài	huì	qíngkuàng	nín	qítā

告诉	发生	如果
gàosu	fāshēng	rúguǒ

🐼 Role Play

©www.hanol.co.kr

승객에게 현지 날씨를 안내해 봅시다.

승객에게 날씨로 인한 이륙지연에 대해 안내해 봅시다.

기내서비스용품 안내

학습목표
- 서비스용품의 유무와 위치를 안내할 수 있다.

핵심표현
- 물건을 드릴 때 쓰는 표현 / 서비스아이템 명칭

문법 알아보기
- 존재를 표현하는 동사 在, 有 / 연동문

서비스 이해하기

클래스와 노선별로 제공하는 편의용품이 다를 수 있습니다. 제공하다가 중단되는 아이템도 있고 신규로 서비스되는 아이템도 있기 때문에 승무원은 해당 비행편에서 제공하는 편의용품의 종류를 반드시 숙지해야 합니다. 또한 노선에 따라 미리 세팅되어 있는 경우도 있고, 이륙 후 서비스하는 경우도 있어 승객이 요구하는 시점에 적절히 응대합니다.

乘客: 请问, 你们有牙刷吗?

Qǐngwèn, nǐmen yǒu yáshuā ma?

실례해요, 칫솔 있나요?

乘务员: 有, 牙刷在洗手间里。 请您去洗手间看看。

Yǒu, yáshuā zài xǐshǒujiān lǐ. Qǐng nín qù xǐshǒujiān kànkan.

네, 있습니다. 칫솔은 화장실 내에 있습니다. 화장실 가서서 한번 보십시오.

乘客: 好的。有没有化妆品和剃须刀?

Hǎode. Yǒu méiyǒu huàzhuāngpǐn hé tìxūdāo?

알겠어요. 화장품과 면도기도 있나요?

乘务员: 洗手间里也有化妆品。我马上给您拿一次性剃须刀。

Xǐshǒujiān lǐ yě yǒu huàzhuāngpǐn. Wǒ mǎshàng gěi nín ná yícìxìng tìxūdāo.

화장실에 화장품도 있습니다. 일회용 면도기는 곧 갖다 드리겠습니다.

请稍等一下。

Qǐng shāo děng yíxià.

잠시만 기다려주십시오.

乘客: 好的。

Hǎode.

네, 알겠습니다.

牙刷 yáshuā [명] 칫솔

洗手间 xǐshǒujiān 화장실

化妆品 huàzhuāngpǐn 화장품

一次性 yícìxìng 일회용

剃须刀 tìxūdāo 면도기

拿 ná [동] 잡다, 쥐다

🐼 핵심표현

1 승객이 원하신 물건을 가져다 드릴 때 쓰는 표현

这是	您要的	东西
Zhè shì	nín yào de	dōngxi

Ex

这是 / 您要的 / 服务用品。
Zhè shì / nín yào de / fúwùyòngpǐn.

요청하신 편의용품입니다.

这是 / 您要的 / 圆珠笔。
Zhè shì / nín yào de / yuánzhūbǐ.

요청하신 볼펜입니다.

2 기내 서비스 아이템 명칭

毛毯 máotǎn	담요	隔音耳塞 géyīněrsāi	귀마개
靠垫 kàodiàn	쿠션	眼罩 yǎnzhào	안대
餐巾纸 cānjīnzhǐ	냅킨	拖鞋 tuōxié	실내화
购物袋 gòuwùdài	쇼핑백	袜子 wàzi	양말
圆珠笔 yuánzhūbǐ	볼펜	化妆水 huàzhuāngshuǐ	스킨
牙刷 yáshuā	칫솔	乳液 rǔyè	로션
牙膏 yágāo	치약	花镜 huājìng	돋보기 안경
一次性剃须刀 yícìxìng tìxūdāo	일회용면도기	纸杯 zhǐbēi	종이컵
漱口水 shùkǒushuǐ	가글		

🐼 문법 알고 가기

1 사물의 존재를 나태 내는 표현

(1) 在

어떤 사람이나 사물이 어떤 장소에 있음을 나타냅니다.

> 사람 / 사물 + 在 + 장소
>
> 牙刷在洗手间里。
>
> Yáshuā zài xǐshǒujiān li.
>
> 您的行李在座椅下面。
>
> Nín de xíngli zài zuòyǐ xiàmiàn.

칫솔은 화장실 안에 있습니다.

당신의 가방은 좌석 하단에 있습니다.

의문형은 문장 끝에 '吗'를 붙여 사용합니다.

> 사람 / 사물 + 在 + 장소 + 吗
>
> 牙刷在洗手间里吗?
>
> Yáshuā zài xǐshǒujiān lǐ ma?
>
> 您的行李在座椅下面吗?
>
> Nín de xíngli zài zuòyǐ xiàmiàn ma?

칫솔은 화장실 안에 있습니다.

당신의 가방은 좌석 하단에 있습니다.

(2) 有

어떤 장소에 어떤 사람이나 사물이 있음을 나타냅니다.

> 장소 + 有 + 사람 / 사물
>
> 洗手间里有牙刷。
>
> Xǐshǒujiān lǐ yǒu yáshuā.
>
> 洗手间里有别的乘客。
>
> Xǐshǒujiān lǐ yǒu biéde chéngkè.

화장실 안에 칫솔이 있습니다.

화장실 안에 다른 승객이 있습니다.

의문형은 문장 끝에 '吗'를 붙이거나 사람/사물 앞에 '有没有'를 넣어 사용합니다.

장소 + 有 + 사람 / 사물 + 吗

洗手间里有牙刷吗?

Xǐshǒujiān lǐ yǒu yáshuā ma?

화장실 안에 칫솔이 있습니까?

洗手间里有别的乘客吗?

Xǐshǒujiān lǐ yǒu biéde chéngkè ma?

화장실 안에 다른 승객이 있습니까?

장소 + 有没有 + 사람 / 사물

洗手间里有没有牙刷?

Xǐshǒujiān lǐ yǒu méiyǒu yáshuā?

화장실 안에 칫솔이 있습니까?

洗手间里有没有别的乘客?

Xǐshǒujiān lǐ yǒu méiyǒu biéde chéngkè?

화장실 안에 다른 승객이 있습니까?

2 연동문

하나의 주어에 두 개 이상의 동사(구)가 연이어 배열된 문장을 '연동문'이라고 합니다.
[去 + 장소 + 동사구]의 형식으로 '~하러 ~에 가다'의 의미를 가집니다.

去 + 장소 + 동사구

我去学校。　+　我去上课。　　我去学校上课。　　　　나는 공부하러

wǒ qù xuéxiào.　wǒ qù shàngkè.　Wǒ qù xuéxiào shàngkè.　학교에 갑니다

我去咖啡厅。　+　我去见朋友。　我去咖啡厅见朋友。　　나는 친구를 만나러

wǒ qù kāfēitīng.　wǒ qù jiàn péngyou.　Wǒ qù kāfēitīng jiàn péngyou.　커피숍에 갑니다.

주어진 단어를 활용하여 문장을 만들고 말해 보세요.

1. 칫솔은 화장실 내에 있습니다.

在	里	洗手间	牙刷
zài	lǐ	xǐshǒujiān	yáshuā

2. 화장실에 가셔서 한번 보십시오

看看	去	洗手间	请	您
kànkan	qù	xǐshǒujiān	qǐng	nín

3. 화장실에 화장품도 있습니다.

化妆品	里	有	洗手间	也
huàzhuāngpǐn	lǐ	yǒu	xǐshǒujiān	yě

4. 일회용 면도기는 곧 갖다 드리겠습니다.

剃须刀	马上	我	您	一次性	拿
tìxūdāo	mǎshàng	wǒ	nín	yícìxìng	ná

给	您
gěi	nín

5. 잠시만 기다려 주십시오.

请	等	稍	一下
qǐng	děng	shāo	yíxià

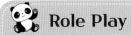

Role Play

©www.hanol.co.kr

기내 서비스 용품을 요청하는 승객을 응대해봅시다.

대표적인 한식소개

학습목표
- 기내식 메뉴를 소개할 수 있다.
- 한식을 소개할 수 있다.
- 한식을 드시는 방법을 안내할 수 있다.

핵심표현
- 기내식 종류 중국어 표현 / 스낵 종류 중국어 표현

문법 알아보기
- 조동사 想

 서비스 이해하기

한식이 익숙한 승객도 있지만, 처음 경험하시는 승객도 있습니다. 식사서비스 시 승객과 많은 얘기를 나누거나 하나하나 설명드리기엔 시간이 부족하지만, 간단하게나마 한식에 대해 설명하고 취식방법을 안내해드린다면 승객분이 한식을 더 맛있게 즐길 수 있겠지요?

乘务员: 我们有鸡肉和烤肉包饭。

Wǒmen yǒu jīròu hé kǎoròu bāofàn.

식사로 닭고기와 불고기쌈밥이 있습니다.

请问，您喜欢哪一种？

Qǐngwèn, nín xǐhuān nǎ yìzhǒng?

어떤 걸로 드시겠습니까?

乘客: 烤肉包饭的味道怎么样？

Kǎoròu bāofàn de wèidào zěnmeyàng?

불고기쌈밥은 맛이 어떤가요?

好吃吗？

Hǎochī ma?

맛있나요?

乘务员: 很好吃。包饭是营养丰富的韩国传统美食。

Hěn hǎochī. Bāofàn shì yíngyǎng fēngfù de Hánguó chuántǒng měishí.

맛있습니다. 쌈밥은 영양이 풍부하고 맛있는 한국 전통음식입니다.

饭包起来与大酱汤和其他小菜一起享用。

Fàn bāo qǐlái yǔ dàjiàngtāng hé qítā xiǎocài yìqǐ xiǎngyòng.

쌈을 싸서 된장국과 기타 밑반찬과 함께 드시면 됩니다.

想尝一下吗？

Xiǎng cháng yíxià ma?

드셔보시겠습니까?

乘客: 那就给我包饭吧。

Nà jiù gěi wǒ bāofàn ba.

그러면 쌈밥으로 주세요.

鸡肉 jīròu 닭고기

烤肉 kǎoròu 불고기, 구운 고기

包饭 bāofàn 쌈밥

味道 wèidao [명] 맛

营养 yíngyǎng [명] 영양

丰富 fēngfù [형] 풍부하다

传统 chuántǒng [명] 전통 [형] 전통적으로

美食 měishí [명] 맛있는 음식

包起来 bāoqǐlái 싸다

大酱汤 dàjiàngtāng [명] 된장찌개

小菜 xiǎocài [명] 간단한 반찬, 밑반찬

一起 yìqǐ [부] 함께

享用 xiǎngyòng [동] 즐기다, 맛보다

想 xiǎng [조] ~하고 싶다

尝 cháng [동] 맛보다, 시도해보다

就 jiù [부] 곧, 즉시

🐼 핵심표현

1 기내식 종류

韩式 hánshì	한식, 한국식	面条 miàntiáo	국수
拌饭 bànfàn	비빔밥	韩式家常饭 hánshìjiāchángfàn	가정식 백반
烤肉包饭 kǎoròu bāofàn	불고기 쌈밥	面包 miànbāo	빵
牛肉 niúròu	소고기	奶油 nǎiyóu	버터

鸡肉 jīròu	닭고기	米饭 mǐfàn	쌀밥
猪肉 zhūròu	돼지고기	土豆 tǔdòu	감자
鱼肉 yúròu	생선	辣椒酱 làjiāojiàng	고추장
海鲜 hǎixiān	해산물	香油 xiāngyóu	참기름
鳗鱼盖饭 mányúgàifàn	장어덮밥	蘑菇盖饭 mógu gàifàn	버섯덮밥
章鱼面 zhāngyúmiàn	낙지소면	韩式拌面 hánshìbànmiàn	비빔국수
海带汤 hǎidàitāng	미역국	韩式咖喱饭 hánshìgālífàn	카레라이스
粥 zhōu	죽	炒饭 chǎofàn	볶음밥
鸡蛋卷 jīdànjuǎn	오믈렛	炒蛋 chǎodàn	스크램블 에그

2 스낵 종류

小吃 xiǎochī	스낵, 간식	韩式馒头 hánshì mántou	막걸리 쌀빵
比萨饼 bǐsàbǐng	피자	冰淇淋 bīngqílín	아이스크림
虾条 xiātiáo	새우깡	方便面 fāngbiànmiàn	컵라면
紫菜包饭 zǐcài bāofàn	삼각김밥	热面包 rèmiànbāo	hot bun
香蕉 xiāngjiāo	바나나	大理石蛋糕 dàlǐshí dàngāo	마블 케이크
酸奶 suānnǎi	요거트	布朗尼(巧克力面包) bùlǎngní(qiǎokèlìmiànbāo)	브라우니

3 D항공 서비스 스낵

SELF-SERVICE CORNER

사진출처: D 항공 블로그

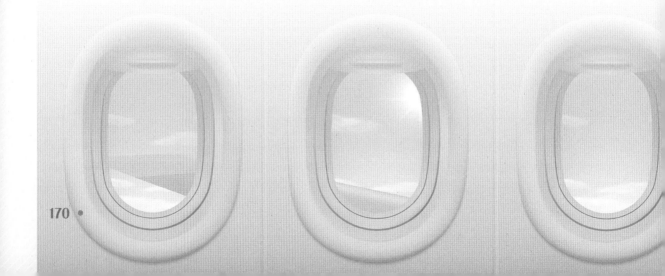

조동사 想

조동사 '想' 은 동사 앞에 쓰여 '~하고 싶다. ~하려고 하다' 등의 계획이나 희망을 나타내며, 부정은 '不想' 으로 나타냅니다.

긍정문	부정문
주어 + 想 + 동사 + 목적어	주어 + 不想 + 동사 + 목적어
我想吃烤肉包饭。 Wǒ xiǎng chī kǎoròu bāofàn.	我不想吃烤肉包饭。 Wǒ bù xiǎng chī kǎoròu bāofàn.

Ex

我想当空姐。　**Wǒ xiǎng dāng kōngjiě.**　나는 승무원이 되고 싶어요.

你想去哪儿?　**Nǐ xiǎng qù nǎr?**　너는 어디 가려고 하니?

我不想喝咖啡。　**Wǒ bù xiǎng hē kāfēi.**　나는 커피를 마시고 싶지 않아요.

我不想去中国。　**Wǒ bù xiǎng qù zhōngguó.**　나는 중국에 가고 싶지 않아요.

当 dāng [동] ~이/가 되다

주어진 단어를 활용하여 문장을 만들고 말해 보세요.

1. 식사로는 닭고기와 불고기 쌈밥이 있습니다.

有	包饭	和	鸡肉	我们	烤肉
yǒu	bāofàn	hé	jīròu	wǒmen	kǎoròu

2. 어느 것으로 드시겠습니까?

您	请问	哪	喜欢	一种
nín	qǐngwèn	nǎ	xǐhuan	yìzhǒng

3. 쌈밥은 영양이 풍부한 한국 전통 맛있는 음식입니다.

是	包饭	美食	传统	营养
shì	bāofàn	měishí	chuántǒng	yíngyǎng

的	丰富	韩国
de	fēngfù	Hánguó

4. 쌈을 싸서 된장국과 기타 밑반찬과 드시면 됩니다.

与	饭包	一起	大酱汤	享用
yǔ	fàn bāo	yìqǐ	dàjiàngtāng	xiǎngyòng

和	小菜	起来	其他
hé	xiǎocài	qǐlái	qítā

5. 드셔보시겠습니까?

吗	一下	想	尝
ma	yíxià	xiǎng	cháng

Role Play

©www.hanol.co.kr

승객에게 서비스되는 식사메뉴를 소개해보세요.

승객에게 한국 전통 음식 불고기쌈밥을 소개해보세요.

Section 19. 대표적인 한식소개

Section 20

특별 기내식 안내 및 서비스

 학습목표
- 특별 기내식 예약 여부를 확인할 수 있다.
- 특별 기내식 종류를 중국어로 말할 수 있다.
- 특별 기내식 메뉴를 소개할 수 있다.

핵심표현
- 특별 기내식 중국어 표현 / 예약 확인 표현

서비스 이해하기

하늘에서 먹는 기내식은 비행 중 가장 큰 즐거움입니다. 하지만 건강이나 종교 등의 이유로 일반 기내식을 드시지 못하는 승객에게 항공사는 특별 기내식 서비스를 제공하고 있습니다. 승무원은 지상에서 특별기내식 종류와 수량이 정확하게 탑재되었는지 확인하고, 승객 탑승 시 성함과 좌석번호와 함께 특별 기내식 예약 여부를 확인합니다. 특별 기내식 정보는 다른 승무원들과 공유하여 서비스에 차질이 없도록 하며 특별 기내식은 일반 식사 서비스 전에 먼저 드립니다.

乘务员: 请问，李先生。

Qǐngwèn, Lǐ xiānsheng.

실례하겠습니다, 이 선생님.

您是不是预定了一份特餐?

Nín shì bu shì yùdìng le yífèn tècān?

특별 기내식 예약하셨습니까?

您确认一下特餐。

Nín quèrèn yíxià tècān.

특별 기내식 확인 한번 부탁드립니다.

乘客: 我预定了一份水果餐。

Wǒ yùdìng le yífèn shuǐguǒcān.

과일식으로 하나 예약했어요.

乘务员: 好的，您(还)要喝什么饮料(呢)?

Hǎode, nín (hái) yào hē shénme yǐnliào (ne)?

네, 알겠습니다. 음료는 어떤 걸로 드시겠습니까?

乘客: 有红葡萄酒吗?

Yǒu hóng pútáojiǔ ma?

적포도주 있나요?

乘务员：有，送餐时先给您送过来。

Yǒu, sòng cān shí xiān gěi nín sòng guòlai.

네, 있습니다. 식사 서비스 시 먼저 갖다 드리겠습니다.

乘客：谢谢。

Xièxie.

감사합니다.

유대교식은 실(Seal)이 부착된 밀봉상태로 탑재되며 승객에게 그 상태로 보여드리고 보관여부와 핫밀(Hot Meal)일 경우 데워서 제공해드리는지 반드시 확인해야합니다.

단어 1

- 预定 yùdìng [동] 예약하다

- 特餐 tècān 스페셜 밀, 특별기내식

- 份 fèn [양] 세트, 개

- 确认 quèrèn [동] (사실 등을) 확인하다

- 水果 shuǐguǒ [명] 과일

- 饮料 yǐnliào [명] 음료

![panda] **핵심표현**

1 특별 기내식 중국어 표현법

유아식 및 아동식	유아식 (Baby Meal)	婴儿餐	yīng'ércān
	24개월 미만의 유아에게 적합한 이유식과 아기용 주스가 제공됩니다		
	아동식 (Child Meal)	儿童餐	értóngcān
	만 2세 ~ 12세 미만의 아동에게 제공되며 스파게티, 치킨 피자, 핫도그, 햄버거 등 아이들이 좋아하는 메뉴로 구성되어 있습니다.		
야채식	서양채식 (Vegetarian Lacto-Ovo Meal)	纯素西餐 (内含鸡蛋和牛奶)	chúnsùxīcān
	생선류, 가금류를 포함한 모든 육류와 동물성 지방, 젤라틴을 사용하지 않고, 계란 및 유제품은 포함하는 서양식 채식이 제공됩니다.		
	인도채식 (Vegetarian Hindu Meal)	印度素食餐	Yìndùsùshícān
	생선류, 가금류를 포함한 모든 육류와 계란을 사용하지 않고, 유제품은 포함하는 인도식 채식이 제공됩니다.		
	동양채식 (Vegetarian Oriental Meal)	亚式素餐	yàshìsùcān
	생선류, 가금류를 포함한 모든 육류와 계란, 유제품을 사용하지 않고, 양파 마늘, 생강 등의 뿌리식품을 사용한 동양식 채식이 제공됩니다.		
	생야채식 (Raw Vegetarian Meal)	鲜蔬菜餐 生蔬菜餐	xiānshūcàicān shēngshūcàicān
	카페인 함유 음료, 보존료/첨가물, 가공식품을 포함하지 않고 순수 생야채, 생과일이 포함된 채식이 제공됩니다.		

식사조절식	저지방식 (Low Fat Meal)	低脂肪餐	dīzhīfángcān
	콜레스테롤 함량이 높은 고지방 육류, 농축된 육수, 계란노른자, 갑각류 등을 사용하지 않고, 저지방 육류, 저지방 생선 등의 식사가 제공됩니다.		
	당뇨식 (Diabetic Meal)	糖尿患者餐	tángniào huànzhě cān
	열량, 단백질, 지방, 당질의 섭취량을 조절하는 동시에, 식사량의 배분, 포화 지방산의 섭취제한 등을 고려한 식사가 제공됩니다.		
	저열량식 (Low Calorie Meal)	低卡路里餐	dīkǎlùlǐcān
	체중 조절을 목적으로 열량을 제한한 식사가 제공됩니다.		
	저염식 (Low Salt Meal)	低盐餐	dīyáncān
	염분성분이 제한된 식사를 원하는 승객에게 제공됩니다.		
종교식	이슬람교식 (Muslim Meal)	伊斯兰餐	yīsīláncān
	이슬람교 율법에 따라 준비하였으며, 돼지고기와 알코올을 사용하지 않습니다.		
	힌두교식 (Hindu Meal)	印度教餐	yìndùjiàocān
	힌두교도를 위한 특별식으로 쇠고기와 송아지고기를 사용하지 않습니다.		
	유대교식 (Kosher Meal)	犹太教餐	yóutàijiàocān
	유대교 율법에 따라 조리된 음식으로 완제품을 구매해 제공합니다.		

기타 특별식	해산물식 (Seafood Meal)	海鲜餐	hǎixiāncān
	생선 및 해산물을 주재료로 하며 곡류, 야채류 및 과일류 함께 제공됩니다.		
	과일식 (Fruit Platter Meal)	水果餐	shuǐguǒcān
	정규 기내식 대신 신선한 과일로만 구성된 식사가 제공됩니다.		
	알레르기 제한식 (Allergen-Free Meal)	无过敏餐	wúguòmǐncān
	특정 식재료에 알레르기가 있는 승객들에게 해당 식재료를 제외한 식사를 제공합니다.		

2 예약확인 표현

您是不是预定了~?: 당신은 ~ 예약하셨습니까?

您是不是预定了 [Nín shì bu shì yùdìng le]	一份水果餐? yí fèn shuǐguǒcān?	과일식 한 세트(하나)예약하셨습니까?
	两份海鲜餐? liǎng fèn hǎixiāncān?	해산물식 두 세트(두개) 예약하셨습니까?
	免税品? Miǎnshuìpǐn?	면세품 예약하셨습니까?

주어진 단어를 활용하여 문장을 만들고 말해 보세요.

1. 특별 기내식 예약하셨습니까?

份	是不是	了	一	预定	特餐
fèn	shì bu shì	le	yí	yùdìng	tècān

您
nín

2. 특별 기내식 확인 한번 부탁드립니다.

确认	特餐	您	一下
quèrèn	tècān	nín	yíxià

3. 과일식으로 예약했어요.

预定	一	了	我	份	水果餐
yùdìng	yí	le	wǒ	fèn	shuǐguǒcān

4. 식사 서비스 시 먼저 갖다 드리겠습니다.

给	先	时	送	您	过来
gěi	xiān	shí	sòng	nín	guòlai

送餐
sòngcān

🐼 Role Play

©www.hanol.co.kr

★ 특별 기내식 예약 확인을 해보세요.

★ 확인된 특별 기내식 서비스에 필요한 응대를 해보세요.

2nd 식사서비스 / choice 불가 시 응대

 학습목표
- 2nd 기내식 메뉴를 소개할 수 있다.
- 승객이 요청한 기내식을 제공할 수 없을 시 다른 메뉴를 추천할 수 있다.

핵심표현
- 没有 VS 没有了

문법 알아보기
- 동사 喜欢

 서비스 이해하기

　　비행편에 탑재된 밀 종류의 비율과 승객 국적이나 성향 등을 파악하여 원활하게 MEAL SVC가 진행되도록 하는 것도 승무원의 재량일 수 있습니다. 그러나 승무원의 노력에도 불구하고 원하는 기내식을 드릴 수 없는 상황이 빈번하게 발생합니다. 두번째 식사 서비스는 첫번째 식사 서비스와 역순으로 진행하여 첫번째 식사 서비스에서 밀 초이스를 하지 못한 승객들이 먼저 선택할 수 있도록 배려합니다. 기내식은 비행 중 가장 큰 즐거움이고 승객들에겐 중요한 사항이므로 원하는 밀을 드시지 못한 승객에게 최대한 그 마음을 공감하고 대체할 수 있는 서비스가 있는지 확인 후 적극적으로 서비스하고 케어하는 것이 필요합니다.

乘务员: 请用热毛巾。

Qǐng yòng rè máojīn.

뜨거운 물수건 사용하시겠습니까?

很烫, 请小心。

Hěn tàng, qǐng xiǎoxīn.

(드리면서) 뜨꺼우니 조심하십시오.

(뜨거운 물수건 회수 후 식사서비스 시)

乘务员: 我们有鸡蛋卷和炒饭。

Wǒmen yǒu jīdànjuǎn hé chǎofàn.

식사로는 오믈렛과 볶음밥이 있습니다.

请问, 您喜欢哪一种?

Qǐngwèn, nín xǐhuan nǎ yìzhǒng?

어떤 것으로 드시겠습니까?

乘客: 我喜欢炒饭。

Wǒ xǐhuan chǎofàn.

볶음밥으로 주세요.

乘务员: 好的。

Hǎode.

네, 알겠습니다.

(잠시 후)

乘务员: 很抱歉。

Hěn bàoqiàn.

정말 죄송합니다.

炒饭已经没有了。

Chǎofàn yǐjīng méiyǒu le.

볶음밥이 다 서비스되고 없습니다.

给您鸡蛋卷好吗?

Gěi nín jīdànjuǎn hǎo ma?

오믈렛 괜찮으십니까?

乘客: 好，鸡蛋卷也可以 。

Hǎo, jīdànjuǎn yě kěyǐ.

네, 그럼 오믈렛도 괜찮아요.

乘务员: 谢谢，请慢用。

Xièxie, qǐng mànyòng.

감사합니다. 맛있게 드십시오.

 단어 1

· 热毛巾 rèmáojīn 뜨거운 수건   · 炒饭 chǎofàn 볶음밥

· 鸡蛋卷 jīdànjuǎn 오믈렛   · 已经~ 了 yǐjīng ~ le 이미~ 했다

184 •

🐼 핵심표현

1 没有 [méiyǒu] VS 没有了 [méiyǒu le]

	没有	没有了
차이점	처음부터 없었음을 의미함	처음에는 있었으나 모두 소진되었음을 의미함
	我们没有韩国白酒。 Wǒmen méiyǒu Hánguó báijiǔ. 소주는 없습니다.	炒饭已经没有了。 Chǎofàn yǐjīng méiyǒu le. 볶음밥이 다 떨어졌습니다.

⸰ 조사 了 [le]는 어떤 상황에 변화가 있을 때 사용합니다.

🐼 문법 알고 가기

1 동사 喜欢

동사 '喜欢'은 '~을 좋아하다'의 의미로, 뒤에 명사구나 동사구가 올 수 있습니다.

喜欢 + 명사(구)	我喜欢韩国传统料理。 Wǒ xǐhuan Hánguó chuántǒng liàolǐ.	나는 한국 전통요리를 좋아한다.
喜欢 + 동사(구)	我喜欢做菜。 Wǒ xǐhuan zuòcài.	나는 요리 하는 것을 좋아한다.

⸰ 做 zuò [동] ~하다

주어진 단어를 활용하여 문장을 만들고 말해 보세요.

1. 뜨거운 물수건 사용하시겠습니까?

用	热毛巾	请
yòng	rèmáojīn	qǐng

2. 뜨겁습니다. 조심하십시오.

烫	很	小心	请
tàng	hěn	xiǎoxīn	qǐng

3. 식사로는 오믈렛과 볶음밥이 있습니다.

和	鸡蛋卷	有	炒饭	我们
hé	jīdànjuǎn	yǒu	chǎofàn	wǒmen

4. 어떤 종류로 드시겠습니까?

您	哪	请问	喜欢	一种
nín	nǎ	qǐngwèn	xǐhuan	yìzhǒng

5. 정말 죄송합니다. 볶음밥이 다 떨어졌습니다.

炒饭	已经	了	抱歉	没有	很
chǎofàn	yǐjīng	le	bàoqiàn	méiyǒu	hěn

6. 오믈렛 괜찮으십니까?

吗	鸡蛋卷	给	好	您
ma	jīdànjuǎn	gěi	hǎo	nín

©www.hanol.co.kr

★승객이 식사 선택을 할 수 없을 때 다른 메뉴를 권해 봅시다.

Section 22

기내면세품 판매 2

학습목표
- 기내에서 수수하는 화폐를 알고 정확한 금액을 안내할 수 있다.
- 승객에게 기내면세품을 추천할 수 있다.

핵심표현
- 가격 표현/기내 면세품 목록

문법 알아보기
- 조동사 会/把자문

서비스 이해하기

비행기의 협소한 공간으로 면세품을 다량으로 준비할 수 없어 승객이 원하는 면세품을 구매하지 못하는 경우도 있습니다. 이 때 원하는 물건을 대체할 아이템을 추천하거나, 승객 상황에 따라 귀국시 면세품을 구매할 수 있도록 안내하는 것도 필요합니다. 또한 수수가능한 화폐나 카드종류, 해당 비행편 기준 환율을 숙지하여 정확한 금액을 안내하고 계산할 수 있도록 합니다.

乘客: 乘务员，我要买这瓶酒。多少钱?

Chéngwùyuán, wǒ yào mǎi zhè píng jiǔ. duō shao qián?

승무원, 저 이 술 한 병 사려고 하는데, 얼마인가요?

乘务员: 这瓶酒是600美元，人民币是4000块钱。

Zhè píng jiǔ shì liùbǎi měiyuán, rénmínbì shì sìqiān kuàiqián.

이 술은 600달러이고, 인민폐로 4000위안입니다.

乘客: 没想到这么贵。可以刷信用卡吗?

Méi xiǎngdào zhème guì. kěyǐ shuā xìnyòngkǎ ma?

생각보다 비싸네요. 신용카드로 결제할 수 있나요?

乘务员: 可以，您的卡是银联卡吗?

Kěyǐ, nín de kǎ shì yínliánkǎ ma?

네, 가능합니다. 손님 카드가 은련카드입니까?

乘客: 是的。

Shì de.

네.

乘务员: 那没问题，请刷卡，请稍等一下。 我马上给您。

Nà méi wèntí, qǐng shuā kǎ, qǐng shāo děng yí xià. Wǒ mǎshàng gěi nín.

그러면 결제 가능합니다. 카드로 결제하겠습니다.

잠시만 기다려 주십시오. 제가 곧 물건을 갖다 드리겠습니다.

🐼 단어 1

- 瓶 píng [양사] 병을 세는 단위 想到
- 想到 xiǎngdào [동] 예상하다, 생각하다
- 刷 shuā [동] 긁다
- 现金 xiànjīn 현금

- 银联卡 yínliánkǎ 은련카드
- 贵 guì [형] 비싸다
- 这么 zhème [대] 이런, 이렇게

🐼 회화 2 - 면세품 추천

乘务员: 您需要帮助吗?

Nín xūyào bāngzhù ma?

도움 필요하십니까?

乘客: 我想买一些免税品带回国, 你给我推荐几个吧。

Wǒ xiǎng mǎi yìxiē miǎnshuìpǐn dài huí guó, nǐ gěi wǒ tuījiàn jǐgè ba.

귀국길에 면세품을 사려고 하는데요, 추천 좀 해주세요.

乘务员: 好的, 您想送给谁呢?

Hǎode, nín xiǎng sòng gěi shuí ne?

네, 알겠습니다. 누구에게 선물하실 건가요?

乘客: 我女儿。

Wǒ nǚ'ér.

제 딸이요.

乘务员: 那我建议您给她买些韩国化妆品。

Nà wǒ jiànyì nín gěi tā mǎi xiē Hánguó huàzhuāngpǐn.

그러시면 한국화장품 추천 드리겠습니다.

这种在韩国比较有名。

Zhè zhǒng zài Hánguó bǐjiào yǒumíng.

한국에서 꽤 유명한 제품입니다.

她一定会喜欢的。

Tā yídìng huì xǐhuan de.

따님께서도 좋아하실 것 같습니다.

乘客: 行。这化妆品多少钱?

Xíng. Zhè huàzhuāngpǐn duō shao qián?

네, 좋아요. 이 제품은 얼마인가요?

乘务员: 45美元。(您用)现金还是信用卡?

Sìshíwǔ měiyuán. (nín yòng)Xiànjīn háishi xìnyòngkǎ?

45달러입니다. 현금인가요 아니면 카드결제입니까?

乘客: 现金。

Xiànjīn.

현금입니다.

乘务员: 这是发票。请稍等一下, 我把东西拿来。

Zhè shì fāpiào. Qǐng shāo děng yíxià, wǒ bǎ dōngxi nálái.

영수증 드리겠습니다. 잠시만 기다려 주십시오. 물건 가져다 드리겠습니다.

- 帮助 bāngzhù [명] 도움 [동] 돕다

- 东西 dōngxi [명] 물건

- 回国 huíguó [동] 귀국하다

- 给 gěi [개] ~에게 [동] 주다

- 推荐 tuījiàn [동] 추천하다

- 送 sòng [동] 보내다

- 谁 shuí [의 대] 누구

- 把 bǎ [개] ~을/를 가지고

- 呢 ne [어기조사] 화자의 말투, 심정을 나타냄

- 女儿 nǚ'ér [명] 딸

- 建议 jiànyì [동] 제안하다 [명] 제안

- 有名 yǒumíng [형] 유명하다 [동] 유명해지다

- 一定 yídìng [부] 반드시

- 会~的 huì~de ~할 것이다

- 发票 fāpiào [명] 영수증

- 拿来 nálái [동] 가져오다

- 比较 bǐjiào [부] 비교적

🐼 핵심표현

1 가격 표현

인민폐 화폐 단위

인민폐는 문어 표현과 구어 표현이 있습니다. 문어 표현은 실제로 써 있는 화폐단위를 말하며, 구어 표현은 회화에서 말할 때 표현하는 것을 말합니다.

문어 표현	元 yuán [명] 위안	角 jiǎo [명] 자오	分 fēn [명] 펀
구어 표현	块 kuài [명] 콰이	毛 máo [명] 마오	分 fēn [명] 펀

• 1 元(块) = 10 角(毛) = 100 分   分 fēn 은 거의 쓰지 않습니다.

(1) 100 이상의 수 표현

100	1000	10, 000	100, 000
一百	一千	一万	十万
yìbǎi	yìqiān	yíwàn	shíwàn

(2) 인민폐 읽어보기

五块 wǔkuài	5위안	两百三十八块 liǎngbǎi sānshíbākuài	238 위안
十块 shíkuài	10위안	两千七百五十块 liǎngqiān qībǎi wǔshíkuài	2,750 위안
六十七块 liùshíqīkuài	67위안	四千一百九十块 sìqiān yìbǎi jiǔshíkuài	4,190 위안
一百块 yìbǎi kuài	100위안	两万 liǎngwàn	20,000 위안

• 가격을 말할 때는 '2'를 읽는 법에 주의해야 합니다. **2위안** 일때는 '**两块**' 로 읽고, 12와 20위안은 각각 '**十二**'과 '**二十**'로 읽습니다. **200**은 '**二百**', '**两百**' 모두 가능하나, 2,000과 20,000은 '**两千**'과 '**两万**'으로 읽습니다.

• 193

Section 22. 기내면세품 판매 2

식품	巧克力	qiǎokèlì	초콜릿
	红参精	hóngshēnjīng	홍삼정
	维生素	wéishēngsù	비타민
잡화	手表	shǒubiǎo	손목시계
	太阳镜	tàiyángjìng	선글라스
	围巾	wéijīn	스카프
	手提包	shǒutíbāo	핸드백
	钱包	qiánbāo	지갑
	圆珠笔	yuánzhūbǐ	볼펜
악세사리	项链	xiàngliàn	목걸이
	耳环(套装)	ěrhuán(tàozhuāng)	귀걸이세트
	手链	shǒuliàn	팔찌
화장품	化妆水	huàzhuāngshuǐ	스킨
	乳液	rǔyè	로션
	眼霜	yǎnshuāng	아이크림
	精华液	jīnghuáyè	에센스
	护肤面膜	hùfūmiànmó	마스크팩
	唇膏	chúngāo	립스틱
	保湿霜	bǎoshīshuāng	수분크림
	CC霜	CC shuāng	CC 크림
	BB霜	BB shuāng	BB 크림
	香水	xiāngshuǐ	향수
	防晒霜	fángshàishuāng	선크림
	粉底霜	fěndǐshuāng	파운데이션

🐼 문법 알고 가기

1 조동사 会

능력	1) 배워서 할 수 있는 일에 대한 능력 조건을 나타냄 我会说汉语。 Wǒ huì shuō Hànyǔ.　저는 중국어를 할 줄 압니다.
예측	2) 예측, 추측을 나타내며, 습관적으로 뒤에 '的'를 붙임 她一定会喜欢的。 Tā yídìng huì xǐhuan de.　그는 분명 좋아할거야.
가능	3) 주관적인 가능을 나타냄 我会跟你走。 Wǒ huì gēn nǐ zǒu.　나는 너와 같이 갈거야.
부정	4) 일반적으로 不를 사용함 我不会说汉语。 Wǒ bú huì shuō Hànyǔ.　나는 중국어를 못합니다.

• 조동사의 위치: 동사/ 형용사 앞, 부사 뒤, 전치사구 앞

2 把자문

把는 '~으로' 라는 뜻으로 목적어를 '把+명사' 형식으로 만들어 술어(동사) 앞에 놓아 목적어를 강조합니다.

🐼 문장 형식

주어	시간명사 / 시간부사 부정부사 / 조동사	把 + 명사	(给) 술어	기타성분
wǒ 我 제가		bǎ dōngxi 把东西 물건을	ná 拿 가져다	lái. 来。 드리겠습니다.
wǒ 我 저는	méi 没 안	bǎchá 把茶 차를	hē 喝 마셨어요	wán. 完。 다.

주어진 단어를 활용하여 문장을 만들고 말해 보세요.

1. 이 술은 600달러이고, 인민폐로 4000위안입니다.

酒	600美元	这	是	人民币
jiǔ	liùbǎi měiyuán	zhè	shì	rénmínbì

瓶	是	4000块钱
píng	shì	sìqiān kuàiqián

2. 손님의 카드가 은련카드 입니까?

的	银联卡	卡	是	您	吗
de	yínliánkǎ	kǎ	shì	nín	ma

3. 도움이 필요하십니까?

吗	帮助	需要	您
ma	bāngzhù	xūyào	nín

4. 영수증입니다. 잠시만 기다려 주십시오. 물건 가져다 드리겠습니다.

请	把	我	发票	把	是
qǐng	bǎ	wǒ	fāpiào	bǎ	shì

稍等	这	一下	拿来	东西
shāo děng	zhè	yíxià	nálái	dōngxi

🐼 Role Play

©www.hanol.co.kr

★ 승객에게 기내면세품 판매 시 금액을 정확하게 안내해봅시다.

★ 승객에게 기내 면세품을 추천하고 결제해 봅시다.

더페이스샵	菲诗小铺	Fēishīxiǎopù
라네즈	兰芝	Lánzhī
려	吕	Lǚ
리더스	丽得姿	Lìdézī
마몽드	梦妆	Mèngzhuāng
메디힐	美迪惠尔	Měidíhuì'ěr
미샤	迷尚	Míshàng
바닐라코	芭妮兰	Bānīlán
설화수	雪花秀	Xuěhuāxiù
수려한	秀丽韩	Xiùlihán
숨	苏秘37度	Sūmì37dù
스킨푸드	思亲肤	Sīqīnfū
아모레퍼시픽	爱茉莉	Àimòlì
아이오페	艾诺碧	Àinuòbì
에뛰드하우스	爱丽小屋	Àilìxiǎowū
오휘	欧蕙	Ōuhuì
이니스프리	悦诗风吟	Yuèshīfēngyín
잇츠스킨	伊思	Yīsī
참존	婵真	Chánzhēn
투니모르	魔法森林	Mófǎsēnlín
한스킨	韩斯清	Hánsīqīng
한율	韩律	Hánlǜ
헤라	赫拉	Hèlā
후	后	Hòu

Section 23

기내 엔터테인먼트 안내

 학습목표
- AVOD 사용법을 설명할 수 있다.
- 기내에서 즐길 수 있는 엔터테인먼트를 소개할 수 있다.

핵심표현
- 好像

문법 알아보기
- 除了 A 以外还 B

서비스 이해하기

엔터테인먼트 시스템은 중장거리 노선에선 승객들의 지루함을 덜어주는 아주 중요한 서비스입니다. 영화, 드라마, 애니메이션, 다큐멘터리, 음악, 비행정보 등을 확인할 수 있습니다. 지상에서 승무원은 담당 ZONE 좌석의 화면이나 엔터테인먼트 시스템 고장여부를 확인한 후 사무장에게 보고하여 수리하도록 합니다. 만약 비행 중에 이상이 발견되어 이용할 수 없게되는 경우, 승객의 좌석을 재배정해 드리고 재배정이 여의치 않을 시 신문, 잡지 등을 제공하여 승객들이 지루하지 않고 편안한 여행을 할 수 있도록 합니다.

乘客: (콜 버튼을 누름)

乘务员: 请问, 有什么需要?

Qǐngwèn, yǒu shénme xūyào?

필요하신 것 있으십니까?

乘客: 我想看电影, 都有什么影片?

Wǒ xiǎng kàn diànyǐng, dōu yǒu shénme yǐngpiàn?

영화를 보고싶은데요, 어떤 영화가 있나요?

승무원이 AVOD시스템 화면을 가리키며

乘务员: 你可以按这个按钮选择您喜欢的电影。

Nǐ kěyǐ àn zhège ànniǔ xuǎnzé nín xǐhuan de diànyǐng.

이 버튼을 누르시면 원하는 영화를 선택할 수 있습니다.

除了62部电影以外, 还有纪录片和音乐。

Chúle liùshí'èr bù diànyǐng yǐwài, háiyǒu jìlùpiàn hé yīnyuè.

62편의 영화 외에도 단편물과 음악이 있습니다.

在座椅前面口袋里有机上杂志、杂志里面有详细的说明。

Zài zuòyǐ qiánmian kǒudài lǐ yǒu jīshàng zázhì, zázhì lǐmian yǒu xiángxì de shuōmíng.

좌석 앞 주머니에 기내잡지가 있으며, 잡지에 상세한 설명이 나와있습니다.

乘客:　　好的。

Hǎode.

네, 알았어요.

(잠시 후)

乘客:　　这耳机好像坏了。听不到声音。请换一下。

Zhè ěrjī hǎoxiàng huài le. Tīng búdào shēngyīn. Qǐng huàn yíxià.

이 이어폰이 고장난 것 같아요. 소리가 안들려요. 바꿔주시겠어요?

乘务员:　我看一下。现在好一点了吗? (现在听得到吗?)

Wǒ kàn yíxià. Xiànzài hǎo yìdiǎn le ma?(Xiànzài tīngde dào ma?)

제가 한번 보겠습니다. 지금은 좀 어떤가요?

乘客:　　还是听不到。

Háishì tīng búdào.

여전히 안들려요.

乘务员:　我给您换一副耳机。请稍等一下。

Wǒ gěi nín huàn yí fù ěrjī. Qǐng shāo děng yíxià.

제가 다른 이어폰으로 바꿔드리겠습니다. 잠시만 기다려 주십시오.

乘客:　　好的。

Hǎode.

네, 알았어요.

电影 diànyǐng [명] 영화

影片 yǐngpiàn [명] 영화

按 àn [동] 누르다

按钮 ànniǔ [명] 버튼

选择 xuǎnzé [동] 선택하다

除了A 以外还 B chúle A yǐwài hái B 외에도 B하다

部 bù [양] 영화, 기계, 차량을 셀 때 쓰임

纪录片 jìlùpiàn [명] 단편물

音乐 yīnyuè [명] 음악

详细 xiángxì [형] 자세하다, 상세하다

说明 shuōmíng [동] 설명하다

好像 hǎoxiàng [동] 유사하다 [부] ~인 것 같다.

坏 huài [형] 품질, 상태가 나쁘다, 고장 나다

听 tīng [동] 듣다

声音 shēngyīn [명] 소리

换 huàn [동] 바꾸다, 교환하다

一点 yìdiǎn 약간

副 fù [양] 세트, 쌍으로 된 물건을 셀 때 쓰임

口袋 kǒudài [명] 주머니

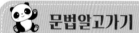
핵심표현

好像

'~인것 같다/~처럼 보인다' 의 의미를 나타냅니다.

Ex	这耳机好像坏了。 Zhè ěrjī hǎoxiàng huài le.	이 이어폰은 고장 난 것 같아요.
	这拌饭好像坏了。 Zhè bànfàn hǎoxiàng huài le.	이 비빔밥은 상한 것 같아요.
	你好像身体不舒服。 Nǐ hǎoxiàng shēntǐ bù shūfu.	몸이 안 좋아 보이시네요

문법알고가기

除了 A 以外还 B

형식

$$除了\ A\ /\ 外,\ 以外,\ 之外,\ 还,\ 也\ B$$

· 外, 以外, 之外는 생략 가능하다

Ex	除了方便面以外，还有蛋糕。 Chúle fāngbiànmiàn yǐwài, hái yǒu dàngāo.

주어진 단어를 활용하여 문장을 만들고 말해 보세요.

1. 필요하신 것 있으십니까?

请问	需要	有	什么
qǐngwèn	xūyào	yǒu	shénme

2. 이 버튼을 누르시면 손님이 원하시는 영화를 선택할 수 있습니다.

选择	按钮	的	这个	可以	您
xuǎnzé	ànniǔ	de	zhège	kěyǐ	nín

电影	喜欢	您	按
diànyǐng	xǐhuan	nín	àn

3. 62편의 영화 외에도 단편물과 음악이 있습니다.

62部	除了	和	以外	还有
liùshí'èr bù	chúle	hé	yǐwài	háiyǒu

音乐	电影	纪录片
yīnyuè	diànyǐng	jìlùpiàn

4. 좌석 앞 주머니 속에 기내 잡지가 있으며, 기내잡지에 자세한 설명이 나와있습니다.

前面	里面	的	杂志	座椅	有
qiánmian	lǐmian	de	zázhì	zuòyǐ	yǒu

电影	有	在	详细	机上杂志
diànyǐng	yǒu	zài	xiángxì	jīshàng zázhì

口袋里	说明
kǒudài lǐ	shuōmíng

5. 제가 다른 이어폰으로 바꿔 드리겠습니다. 잠시만 기다려주십시오.

换	我	耳机	一下	请	稍等
huàn	wǒ	ěrjī	yíxià	qǐng	shāoděng

一副	您	给
yí fù	nín	gěi

©www.hanol.co.kr

★ 승객에게 **AVOD**에서 서비스되는 프로그램을 설명해봅시다.

★ 승객이 고장 난 이어폰 교환을 요청하는 경우 응대해봅시다.

PLUS 엔터테인먼트 시스템 메뉴

영화 **电影 diànyǐng**	액션영화	动作片	dòngzuòpiàn
	멜로영화	爱情片	àiqíngpiàn
	코미디영화	喜剧	xǐjù
	공포영화	恐怖片	kǒngbùpiàn
TV **电视节目** **diànshìjiémù**	드라마	连续剧	liánxùjù
	시사	时事节目	shíshìjiémù
	애니메이션	动画片	dònghuàpiàn
	버라이어티	综艺节目	zōngyìjiémù
오디오 **音乐 yīnyuè**	동요	童谣	tóngyáo
	힙합	嘻哈歌曲	xīhāgēqǔ
	발라드	抒情歌曲	shūqíng gēqǔ
	댄스	舞曲	wǔqǔ
	락	摇滚	yáogǔn
여행정보 **航路信息** **hánglùxìnxī**	비행시간	飞行时间	fēixíng shíjiān
	비행거리	飞行距离	fēixíng jùlí
	도착시간	到达时间	dàodá shíjiān
	시속	时速	shísù
	고도	高度	gāodù

Section 24

아프신 승객 응대

 학습목표
- 승객의 몸 상태를 물어볼 수 있다.
- 승객의 신체 증상에 따라 적절한 약을 제공할 수 있다.
- 승객의 몸 상태의 호전 여부를 확인할 수 있다.

핵심표현
- 看起来 / 신체 증상과 약 이름

문법 알아보기
- 겸어문(사역문)을 만드는 동사 让 / 동사 觉得 VS 感觉

 **서비스 이해하기**

비행을 하다 보면 소화불량, 구토, 귀 통증, 두통 등의 가벼운 증상을 호소하는 승객부터, 의사 진단서를 가지고 탑승하는 승객, 처방된 약이나 주사를 가지고 탑승하는 승객, 심한 통증이나 의식을 잃는 승객까지 몸이 아픈 다양한 승객들을 케어하게 됩니다. 몸이 아픈 승객을 발견하면, 당황하지 말고 주변 승무원에게 도움을 요청한 후 승객에게 자세하게 증상을 물어보고 신속하게 대처하고, 사무장과 기장에게 보고한 후 지시에 따라 응급처치를 하거나 Doctor Paging을 함으로 의사의 도움을 받습니다.

乘务员: 您看起来气色不太好，您觉得哪里不舒服吗？

Nín kànqǐlái qìsè bútài hǎo, nín juéde nǎli bù shūfu ma?

안색이 안 좋아 보이시는데요, 어디 불편하신 곳이 있으십니까?

乘客: 我有点儿消化不良。

Wǒ yǒu diǎnr xiāohuà bù liáng.

약간 소화불량인 것 같아요.

乘务员: 您可以喝一杯生姜冰茶。

Nín kěyǐ hē yìbēi shēngjiāng bīngchá.

진저에일 한잔 드시겠습니까？

这饮料有助于消化。 我们还有消化药，您需要吗？

Zhè yǐnliào yǒuzhùyú xiāohuà. Wǒmen hái yǒu xiāohuàyào, nín xūyào ma?

이 음료는 소화에 도움이 됩니다. 소화제도 있는데 필요하십니까？

乘客: 都给我吧。

Dōu gěi wǒ ba.

다 주세요.

乘务员: 好的。 我马上拿给您。

Hǎode. Wǒ mǎshàng ná gěi nín.

네, 알겠습니다. 곧 가져다 드리겠습니다.

(잠시 후)

乘务员: 让您久等了。这是生姜冰茶和药。

Ràng nín jiǔděng le. Zhè shì shēngjiāng bīngchá hé yào.

오래 기다리셨습니다. 진저에일과 약입니다.

消化药请和水一起服用。

Xiāohuàyào qǐng hé shuǐ yìqǐ fúyòng.

소화제는 물과 함께 드십시오.

乘客: 谢谢您的关照。

Xièxie nín de guānzhào.

보살펴주셔서 감사해요.

(잠시 후)

乘务员: 现在您觉得好些了吗?

Xiànzài nín juéde hǎo xiē le ma?

지금 컨디션은 좀 나아지셨습니까?

乘客: 好多了。

Hǎo duō le.

좋아졌어요.

乘务员: 好好休息吧。如果还有需要的话，就叫我们。

Hǎo hāo xiūxi ba. Rúguǒ hái yǒu xūyào de huà, jiù jiào wǒmen.

편히 쉬십시오. 필요하신 것이 있으시면 언제든지 저희를 불러주십시오.

· 看起来 kànqilái ~보기에

· 气色 qìsè [명] 기색, 안색

· 觉得 juéde [동] ~라고 생각하다

· 消化 xiāohuà [명] 소화

· 不良 bùliáng [형] 좋지 않다, 불량하다

· 生姜冰茶 shēngjiāngbīngchá 진저에일

· 饮料 yǐnliào [명] 음료

· 有助于 yǒuzhùyú [동] ~에 도움이 되다

· 消化药 xiāohuàyào [명] 소화제

· 药 yào [명] 약

· 让 ràng [동] ~하게하다, 시키다

· 久 jiǔ [부] 오래오래 [형] 오래다, 시간이 길다

· 服用 fúyòng [동] 복용하다

· 关照 guānzhào [동] 배려하다, 보살피다

· 休息 xiūxi [동] 휴식하다 [명] 휴식

· 舒服 shūfu [형] 편하다, 쾌적하다

1 看起来

'~보기에' 라는 뜻으로 주관적인 견해를 나타냅니다.

Ex

看起来 Kànqilái	气色不好。 qìsè bù hǎo. 안색이 안 좋아 보이시네요.
	好吃。 hǎo chī. 맛있어 보이네요.
	很美。 hěn měi. 아름다워 보이네요.

2 신체 증상과 약 이름

신체증상		약이름	
疼 téng / 痛 tòng	아프다.	止痛药 zhǐtòngyào	진통제
得感冒 dégǎnmào	감기 걸리다	感冒药 gǎnmàoyào	감기약
咳嗽 késou	기침하다	止咳药 zhǐkéyào	기침약
头疼 tóuténg	머리가 아프다	头疼药 tóuténgyào	두통약
拉肚子 lādùzi	설사하다	止泻药 zhǐxièyào	설사약
发烧 fāshāo	열나다	退烧药 tuìshāoyào	해열제
瘙痒 sàoyǎng	(피부가) 가렵다	软膏 ruǎngāo	연고
呕吐 ǒutù	토하다	胃药 wèiyào	위장약
消化不良 xiāohuàbùliáng	소화불량	消化剂 xiāohuàjì	소화제
流鼻涕 liúbítì	콧물이 흐르다	抗菌药物 kàngjūnyàowù	항생제
肚子疼 dùzi téng	배 아프다	伤口贴 shāngkǒutiē	일회용밴드
过敏 guòmǐn	알레르기	阿司匹林 āsīpǐlín	아스피린
牙疼 yáténg	치통	药棉 yàomián	탈지면

🐼 문법 알고 가기

1 겸어문사역문을 만드는 동사 让

겸어문은, 문장 안에 2개의 술어(동사)가 있고, 첫번째 술어의 목적어가 두번째 술어의
주어를 겸하게 되는 형식의 문장입니다.

(1) 긍정문 형식

주어 + (叫 / 让 / 使) + 목적어[주어] + 동사 + 기타요소

(2) 부정문 형식

주어+ (不/ 没) + (叫 / 让 / 使) +목적어[주어] + 동사 + 기타요소

让	您	久	等	了
ràng	**nín**	**jiǔ**	**děng**	**le**
술어1	목적어(주어)		술어 2	

> 📎 술어 1의 목적이자 술어 2의 주어가 되며 문장을 직역하면 '하게 하다, 당신을, 기다리게' 즉, '당신을 오래 기다리게 하다, 오래 기다리셨습니다.' 로 해석할 수 있습니다.

Ex

让我看一下。
Ràng wǒ kàn yíxià.　　　　　　　저에게 보여주세요.

让我介绍一下。
Ràng wǒ jièshào yíxià.　　　　　제가 소개하겠습니다.

让我想一想。
Ràng wǒ xiǎng yi xiǎng.　　　　생각 좀 해보겠습니다.

• 介绍 jièshào 소개하다

2 동사 觉得 VS 感觉

동사 觉得 [**juéde**]는 '~라고 느끼다, 생각하다, 여기다'라는 뜻으로 주관적인 느낌이나 신체적인 느낌을 나타냅니다. 感觉 [**gǎnjué**]와 가장 큰 차이점은 觉得[juéde]는 명사로 사용될 수 없다는 것입니다.

Ex

	觉得 juéde]	感觉 [gǎnjué]
	您觉得哪里不舒服吗？ Nín juéde nǎli bù shūfu ma?	您感觉哪里不舒服吗？ Nín gǎnjué nǎli bù shūfu ma?
명사	-	我对他没什么感觉。 Wǒ duì tā méi shénme gǎnjué. 나는 그에게 어떤 감정(느낌)도 없다.

주어진 단어를 활용하여 문장을 만들고 말해 보세요.

1. 실례하겠습니다. 안색이 안 좋아 보이시는데요. 어떠신가요?

不	看起来	哪里	气色	觉得	您
bù	kànqǐlái	nǎli	qìsè	juéde	nín

不太好	吗	您	舒服
bú tài hǎo	ma	nín	shūfu

2. 진저에일 한 잔 드시겠습니까?

喝	生姜冰茶	可以	一杯	您
hē	shēngjiāngbīngchá	kěyǐ	yìbēi	nín

3. 이 음료는 소화를 도와주거든요.

饮料	这	消化	有助于
yǐnliào	zhè	xiāohuà	yǒuzhùyú

4. 소화제도 있는데 필요하십니까?

消化药	需要	还有	我们	您
xiāohuàyào	xūyào	háiyǒu	Wǒmen	nín

吗
ma

5. 오래기다리셨습니다. 진저에일과 약입니다.

和	久等了	让	药	这是	您
hé	jiǔ děng le	ràng	yào	zhè shì	nín

生姜冰茶
shēngjiāngbīngchá

6. 약은 물과 함께 드십시오.

消化药	一起	水	服用	请	和
xiāohuàyào	yìqǐ	shuǐ	fúyòng	qǐng	hé

7. 지금 컨디션은 좀 나아지셨습니까?

吗	好些了	觉得	现在	您
ma	hǎo xiē le	juéde	xiànzài	nín

8. 편히쉬십시오. 필요하신것이 있으시면 언제든지 저희를 불러주십시오.

吧	我们	就	叫	好好	如果
ba	wǒmen	jiù	jiào	hǎohāo	rúguǒ

还有	休息	需要的话
háiyǒu	xiūxi	xūyào de huà

©www.hanol.co.kr

승객의 컨디션을 확인하고 그에 따라 응대해 봅시다.

- 두통

- 소화불량

- 열

부록

항공사 메뉴북 중국어 표현 알기

① 첫번째 식사/第一餐 dìyīcān

| 첫번째 식사 | 1st Meal |
| 第一餐 | |

양식 | Western | 西餐

다진 베이컨을 곁들인 치즈 마카로니
Mac and Cheese with Chopped Bacon
配切碎培根奶酪通心粉

채소 샐러드
Mixed Vegetables
蔬菜沙拉

발사믹 소스를 곁들인 구운 닭가슴살 요리
Grilled Chicken Breast with Balsamic Sauce
意大利香醋鸡胸肉料理

아몬드 라즈베리 케이크
Almond Raspberry Cake
杏仁木莓蛋糕

한식 | Korean | 韩餐

불고기 영양 쌈밥
Ssambap
Steamed Rice with Grilled Beef 'Bulgogi', Various Kinds of Vegetables
烤牛肉营养包饭
配米饭、烤牛肉、各种健康蔬菜以及特制包饭酱，还准备了美味的小菜与汤。

신선한 과일
Fresh Fruit
新鲜水果

양식/西餐 xīcān

전채	pèi 配 곁들인	qiēsuì 切碎 잘게 썰다	péigēn 培根 베이컨	nǎilào 奶酪 치즈	tōngxīnfěn 通心粉 마카로니
샐러드	shūcài 蔬菜 채소	shālā 沙拉 샐러드			
메인 요리	yìdàlìxiāngcù 意大利香醋 발사믹 식초		jīxiōngròu 鸡胸肉 닭가슴살	liàolǐ 料理 요리	
후식	xìngrén 杏仁 아몬드	mùméi 木莓 라즈베리	dàngāo 蛋糕 케이크		

메인 요리 및 기타	kǎoniúròu 烤牛肉 불고기	yíngyǎng 营养 영양	bāofàn 包饭 쌈밥				
	pèi mǐfàn 配米饭 쌀밥	kǎoniúròu 烤牛肉 불고기	gèzhǒng 各种 각종	jiànkāng 健康 건강	shūcài 蔬菜 채소	yǐjí 以及 및	tèzhì 特制 특제
	bāofànjiàng 包饭酱 쌈장	hái 还 또한	zhǔnbèile 准备了 준비되어있다	měiwèide 美味的 맛있는	xiǎocài 小菜 반찬	yǔ 与 과	tāng 汤 국
후식	xīnxiān 新鲜 신선한	shuǐguǒ 水果 과일					

두번째 식사 | 2nd Meal
| 第二餐

요거트
Yogurt
酸奶

옥수수 오믈렛과 베이컨, 익힌 감자
Sweet Corn Omelet with Bacon and Potatoes
玉米煎蛋饼和培根，熟土豆

또는 | or | 或者

브로콜리 새우 죽
Broccoli and Shrimp Porridge
西兰花虾仁粥

과일 젤리
Fruit Jelly
水果布丁

견과류 알러지가 있는 손님께서는 취식에 유의하여 주시기 바랍니다.
간혹 예상치 않은 많은 주문으로 인해 희망하신 요리를 제공하지 못하게 될 수도 있음을
양해하여 주시기 바랍니다.
Those with nut allergies should be careful.
We apologize if your choice is not available due to unexpectedly high demand.
对于特定食物过敏的乘客，请提前提醒乘务员。
如果点同样料理的乘客格外多，有可能无法满足每位乘客的需求，请谅解。

식전	suānnǎi				
	酸奶				
	요거트				

메인 요리 1	yùmǐ	jiāndànbǐng	hé	péigēn	shútǔdòu
	玉米	煎蛋饼	和	培根	熟土豆
	옥수수	오믈렛	과	베이컨	익힌 감자

메인 요리 2	xīlánhuā	xiārén	zhōu		
	西兰花	虾仁	粥		
	브로콜리	새우	죽		

후식	shuǐguǒ	bùdīng			
	水果	布丁			
	과일	푸딩			

BAGGAGE SECURING

亲爱的旅客朋友们:

Qīn'ài de lǚkè péngyoumen:

你们好! 欢迎您乘坐大韩航空。

Nǐmen hǎo! Huānyíng nín chéngzuò Dàhán Hángkōng.

进入客舱后, 请留意行李架边缘的座位号码, 对号入座,

Jìnrù kècāng hòu, qǐng liúyì xínglijià biānyuán de zuòwèi hàomǎ, duì hào rù zuò,

您的手提行李可以放在行李架内或座椅下方,

nín de shǒutíxíngli kěyǐ fàng zài xínglijià nèi huò zuòyǐ xiàfāng,

请保持过道及紧急出口的通畅,

qǐng bǎochí guòdào jí jǐnjíchūkǒu de tōngchàng,

如果有需要帮助的旅客请与乘务员联系。 谢谢!

Rúguǒ yǒu xūyào bāngzhùde lǚkè qǐng yǔ chéngwùyuán liánxì. Xièxie!

한국어

손님 여러분, 안녕하십니까! 저희 대한항공은 여러분의 탑승을 진심으로 환영합니다.
탑승 후에는 오버헤드빈에 있는 좌석번호를 확인하여 정확한 좌석에 앉아 주시고, 가지고 계신
짐은 앞 좌석 밑이나 선반속에 보관해주시기 바랍니다. 통로와 비상구는 통행이 원활하도록 해
주시고 도움이 필요하시면 언제든지 저희 승무원을 불러주십시오. 감사합니다.

- 亲爱 qīn'ài [형] 친애하다
- 朋友们 péngyǒumen [명] 친구들, 여러분
- 乘坐 chéngzuò [동] 타다, 탑승하다
- 进入 jìnrù [동] 진입하다, 들어가다
- 客舱 kècāng [명] 객실, 선실
- 留意 liúyì [동] 주의를 기울이다, 염두해두다
- 边缘 biānyuán [명] 가장자리 부분

- 保持 bǎochí [동] 유지시키다
- 及 jí [접] 및, ~와
- 通畅 tōngchàng [형] (통행이) 원활하다, 막힘없다
- 与 yǔ [개] ~와
- 联系 liánxì [동] 연락하다
- 入座 rùzuò [동] 자리에 앉다
- 手提行李 shǒutíxínglǐ [명] 휴대수하물

PRIOR TO PUSH-BACK

亲爱的旅客朋友们:

Qīn'ài de lǚkè péngyoumen:

这是大韩航空飞往北京的851次航班。

Zhè shì Dàhán Hángkōng fēiwǎng Běijīng de 851 cì hángbān.

客舱门已经关闭。

Kècāngmén yǐjīng guānbì.

为了安全起飞, 请您坐好, 系好安全带, 收起座椅靠背和小桌板,

Wèile ānquán qǐfēi, qǐng nín zuòhǎo, jìhǎo ānquándài, shōuqǐ zuòyǐ kàobèi hé xiǎozhuōbǎn,

靠窗边的旅客请打开遮光板，全程请关闭手机及电子设备，

kào chuāngbiān de lǚkè qǐng dǎkāi zhēguāngbǎn, quánchéng qǐng guānbì shǒujī jí

diànzǐshèbèi,

并且在机内禁止吸烟，感谢您的合作！

bìngqiě zài jīnèi jìnzhǐ xīyān, gǎnxiè nín de hézuò!

한국어

손님 여러분, 북경까지 가는 대한항공 851편, 잠시 후에 출발하겠습니다.

갖고 계신 짐은 앞 좌석 아래나 선반 속에 보관해 주시고, 지정된 자리에 앉아 좌석벨트를 매 주시기 바랍니다.

창문덮개를 올려 주시기 바라며, 비행 중에는 휴대전화와 전자기기는 꺼 주시기 바랍니다.

아울러 기내 흡연은 엄격히 금지하고 있으니, 협조해주시기 바랍니다.

🐼 단어

- 飞往 fēiwǎng [동] 비행기를 타고 ~로 가다

- 全程 quánchéng [명] 전체 여정

- 电子设备 diànzǐshèbèi [명] 전자기기

- 并且 bìngqiě [접] 게다가, 아울러

- 本次航班 běncìhángbān 본 운항편

- 机内 jīnèi [명] 기내

- 禁止 jìnzhǐ [동] 금지하다, [명] 금지

- 吸烟 xīyān [동] 담배를 피다, 흡연하다

- 感谢 gǎnxiè [동] 고맙다, 감사하다, 고맙게 여기다

WELCOME

尊敬的女士们，先生们：

Zūnjìng de Nǚshìmen, Xiānshengmen:

你们好! 欢迎您乘坐大韩航空851次航班前往北京。

Nǐmen hǎo! Huānyíng nín chéngzuò Dàhán Hángkōng 851 **cì hángbān qiánwǎng** Běijīng.

【延误 yánwù】지연인 경우

由于飞机晚到(지연사유)耽误了您的旅行时间。希望您能谅解。

Yóuyú fēijī wǎndào **dānwùle nín de lǚxíng shíjiān, xīwàng nín néng liàngjiě.**

抵达目的地北京首都国际机场的空中飞行时间是一个半小时。

Dǐdá mùdìdì Běijīng shǒudū guójì **jīchǎng de kōngzhōng fēixíng shíjiān shì** yí ge bàn xiǎoshí.

本次航空的机长，乘务长以及包括中国籍乘务员在内的

Běncì hángkōng de jīzhǎng, chéngwùzhǎng yǐ jí bāokuò Zhōngguó **jí chéngwùyuán zài nèi de**

全体机组人员将精诚合作，为您带来轻松愉快的旅途。

quántǐ jīzǔrényuán jiāng jīngchéng hézuò, wèi nín dàilái qīngsōng yúkuài de lǚtú.

如果需要帮助请随时联系我们。 谢谢!

Rúguǒ xūyào bāngzhù qǐng suíshí liánxì women. Xièxie!

飞机晚到	fēijī wǎndào	항공기 연결
机场天气不符合飞行标准	jīchǎng tiānqì bù fúhé fēixíng biāozhǔn	기상조건
航路交通管制	hánglù jiāotōng guǎnzhì	관제탑의 이륙허가를 기다리는
机场跑道繁忙	jīchǎng pǎodào fánmáng	이착륙 비행기가 많아
飞机故障检修	fēijī gùzhàng jiǎnxiū	항공기정비
等待旅客登机	děngdài lǚkè dēngjī	승객을 기다리는
交运行李	jiāoyùn xínglǐ	화물적재
等待随机文件	děngdài suíjī wénjiàn	항공기 관련 서류를 기다리는

한국어

손님 여러분, 안녕하십니까.

저희 대한항공은 여러분의 탑승을 진심으로 환영합니다.

이 비행기는 베이징까지 가는 대한항공 851편입니다.

[지연] 항공기 연결 관계로 출발이 늦어진 점 양해해 주시기 바랍니다.

목적지인 베이징 수도 국제공항까지 예정된 비행시간은 이륙 후 1시간 30분 입니다.

오늘 성함 기장, 중국승무원을 비롯한 저희 승무원들은 여러분을 정성껏 모시겠습니다.

도움이 필요하시면 언제든지 저희 승무원을 불러주십시오. 감사합니다.

단어

尊敬 zūnjìng [동] 존경하다

女士们 先生们 nǚshìmen xiānsheng-men 신사 숙녀 여러분

前往 qiánwǎng [동] 나아가다

耽误 dānwù [동] 지체하다

希望 xīwàng [동] 바라다, 희망하다
    [명] 희망,바람

谅解 liàngjiě [동] 양해하다, 이해해주다

包括 bāokuò [동] 포함하다

精诚 jīngchéng [형] 정성스럽다,
    매우 성실하다

SEATBELT SIGN OFF

女士们，先生们:

Nǚshìmen, Xiānshengmen:

机长已经把安全带的指示灯关闭，但是随着气流的变化，

Jīzhǎng yǐjīng bǎ ānquándài de zhǐshìdēng guānbì, dànshì suízhe qìliú de biànhuà,

飞机可能会出现突然颠簸，

fēijī kěnéng huì chūxiàn tūrán diānbǒ,

为了您的安全请您在座位上系上(好)您的安全带。

wèile nín de ānquán qǐng nín zài zuòwèishàng jìshàng(hǎo) nín de ānquándài.

在打开行李架时请小心，以免行李滑落。

Zài dǎkāi xínglijià shí qǐng xiǎoxīn, yǐmiǎn xíngli huáluò.

现在您可以使用笔记本电脑等物品。

Xiànzài nín kěyǐ shǐyòng bǐjìběn diànnǎo děng wùpǐn.

如果需要获得更多资讯，请您参阅座椅前面口袋里的机上杂志。

Rúguǒ xūyào huòdé gèngduō zīxùn, qǐng nín cānyuè zuòyǐ qiánmian kǒudàilǐ de jīshàng zázhì.

한국어

손님 여러분, 방금 좌석벨트 표시등이 꺼졌습니다.

그러나 비행기가 갑자기 흔들리는 경우에 대비해 자리에서는 항상 좌석벨트를 매시기 바랍니다.

그리고 선반을 여실 때는 안에 있는 물건이 떨어지지 않도록 조심해 주십시오.

지금부터 노트북, 전자기기를 사용하실 수 있으며 보다 자세한 정보는 좌석 앞 주머니 속의 기내지를 참고해 주시기 바랍니다.

- 指示灯 zhǐshìdēng [명] 지시등
- 关闭 guānbì [동] 닫다, 꺼지다
- 以免 yǐmiǎn [접] ~하지 않도록
- 滑落 huáluò [동] 떨어지다

- 获得 huòdé [동] 얻다, 획득하다
- 资讯 zīxùn [명] 자료와 정보
- 参阅 cānyuè [동] 참조하다, 참고하다
- 口袋 kǒudài [명] 주머니

LANDING

女士们，先生们:

Nǚshìmen, Xiānshengmen:

本次班机很快就要着陆(了)。

Běncì bānjī hěn kuài jiù yào zhuólù(le).

请您回原位坐好，系好安全带，收起小桌板，

Qǐng nín huí yuánwèi zuòhǎo, jìhǎo ānquándài, shōuqǐ xiǎozhuōbǎn,

将座椅靠背调整到正常位置。

jiāng zuòyǐ kàobèi tiáozhěng dào zhèngcháng wèizhì.

靠窗边的旅客将遮光板打开，并且关闭所有电子设备，感谢您的合作!

Kào chuāngbiān de lǚkè jiāng zhēguāngbǎn dǎkāi, bìngqiě guānbì suǒyǒu diànzǐshèbèi,

gǎnxiè nín de hézuò!

손님 여러분, 우리 비행기는 곧 착륙하겠습니다.

자리에 앉아 좌석 등받이와 테이블을 제자리로 해 주시고, 좌석벨트를 매 주십시오.

창문 덮개는 열어 두시기 바라며, 휴대전화와 전자기기는 전원을 꺼 주시기 바랍니다. 감사합니다.

단어

- 着陆 zhuólù [동] 착륙하다
- 调整 tiáozhěng [동] 조정하다, 조절하다

FAREWELL

女士们，先生们:

欢迎您抵达北京首都国际机场。

Nǚshìmen, Xiānshengmen.

Huānyíng nín dǐdá Běijīng shǒudū guójì jīchǎng.

【延误 yánwù】 지연인 경우

由于飞机晚到 (지연사유)班机时间延误、我们深表歉意。

Yóuyú fēijī wǎndào bānjī shíjiān yánwù, wǒmen shēnbiǎo qiànyì.

现在当地的时间是下午 2 点 10 分。

Xiànzài dāngdì de shíjiān shì xiàwǔ2 diǎn 10 fēn.

飞机还需要滑行一段时间，请保持系好安全带，不要打开手机电源，

Fēijī hái xūyào huáxíng yíduàn shíjiān, qǐng bǎochí jìhǎo ānquándài, búyào dǎkāi shǒujī diànyuán,

待飞机完全停稳后再小心打开行李架，以免行李滑落。

dài fēijī wánquán tíngwěn hòu zài xiǎoxīn dǎkāi xínglijià, yǐmiǎn xíngli huáluò.

非常感谢大家乘坐本次航班。

Fēicháng gǎnxiè dàjiā chéngzuò běncì hángbān.

大韩航空将不断地努力，为您提供更加无微不至的服务。

Dàhán Hángkōng jiāng búduàn de nǔlì, wèi nín tígòng gèngjiā wúwēibúzhì de fúwù.

下次旅途再见。谢谢!

Xiàcì lǔtú zàijiàn. Xièxie!

한국어

손님 여러분, 우리 비행기는 북경 수도 국제공항에 도착했습니다.
항공기 연결 관계로 도착이 예정보다 늦어졌습니다. 현재 시각은 오후 2시 10분입니다.
여러분의 안전을 위해, 비행기가 완전히 멈춘 후 좌석벨트 표시등이 꺼질 때까지 자리에서 기다려 주십시오. 선반을 여실 때는 안에 있는 물건이 떨어질 수 있으니 조심해 주시고, 내리실 때는 잊으신 물건이 없는지 다시 한번 확인해 주시기 바랍니다. 오늘도 저희 대한항공을 이용해 주셔서 대단히 감사합니다. 저희 승무원들은 앞으로도 안전하고 편안한 여행을 위해 최선을 다하겠습니다. 감사합니다.

🐼 **단어**

· 深表歉意 shēnbiǎo qiànyì 깊이 미안한 마음을 나타내다

· 滑行 huáxíng [동] 활주하다

· 不断 búduàn [부] 계속해서, 부단히 [동] 끊임없다

· 无微不至 wúwēi búzhì 미세한 부분까지 다 살피다

국내항공사 중국어 명칭/국내·중국 국제공항명칭

국내항공사 중국어 명칭

KE	대한항공	大韩航空	Dàhán Hángkōng
OZ	아시아나항공	韩亚航空	Hányà Hángkōng
LJ	진에어	真航空	Zhēn Hángkōng
BX	에어부산	釜山航空	Fǔshān Hángkōng
TW	티웨이항공	德威航空	Déwēi Hángkōng
7C	제주항공	济州航空	Jìzhōu Hángkōng
ZE	이스타항공	易斯达航空	Yìsīdá Hángkōng

국내 국제공항 명칭

인천 국제공항	仁川国际机场	Rénchuān guójijīchǎng
김포 국제공항	金浦国际机场	Jīnpǔ guójijīchǎng
김해 국제공항	金海国际机场	Jīnhǎi guójijīchǎng
대구 국제공항	大邱国际机场	Dàqiū guójijīchǎng
무안 국제공항	务安国际机场	Wù'ān guójijīchǎng
양양 국제공항	襄阳国际机场	Xiāngyáng guójijīchǎng
제주 국제공항	济州国际机场	Jìzhōu guójijīchǎng

부록

베이징 수도 국제공항	北京首都国际机场	Běijīng shǒudū guójìjīchǎng
상하이 푸동 국제공항	上海浦东国际机场	Shànghǎi pǔdōng guójìjīchǎng
상하이 홍차오 국제공항	上海虹桥国际机场	Shànghǎi hóngqiáo guójìjīchǎng
광저우 바이윈 국제공항	广州白云国际机场	Guǎngzhōu báiyún guójìjīchǎng
청두 솽류 국제공항	成都双流国际机场	Chéngdū shuāngliú guójìjīchǎng
충칭 장베이 국제공항	重庆江北国际机场	Chóngqìng jiāngběi guójìjīchǎng
칭다오 류팅 국제공항	青岛流亭国际机场	Qīngdǎo liútíng guójìjīchǎng
우한 톈허 국제공항	武汉天河国际机场	Wǔhàn tiānhé guójìjīchǎng
톈진 빈하이 국제공항	天津滨海国际机场	Tiānjīn bīnhǎi guójìjīchǎng
샤먼 가오치 국제공항	厦门高崎国际机场	Xiàmén gāoqí guójìjīchǎng
선양 타오셴 국제공항	沈阳桃仙国际机场	Shěnyáng táoxiān guójìjīchǎng
옌지 차오양촨 국제공항	延吉朝阳川国际机场	Yánjí cháoyángchuān guójìjīchǎng
선전 바오안 국제공항	深圳宝安国际机场	Shēnzhèn bǎo'ān guójìjīchǎng
홍콩 국제공항	香港国际机场	Xiānggǎng guójìjīchǎng
마카오 국제공항	澳門国际机场	Àomén guójìjīchǎng

저자 소개

| 이선지 |

연세대학교 교육대학원 교육공학 석사

현) (주) 더 핀트 교육이사
전) 연성대학교 항공서비스과 조교수
- 기내 서비스 중국어
- 이미지메이킹
- 국제문화와 매너
- 기내 식음료
- 항공중국어 회화
대한항공 객실 사무징 및 객실 훈련원 서비스, 안전 강사
- 신입승무원 안전교육
- 신입승무원 서비스 교육
- 비지니스 클래스 교육
- 퍼스트 클래스 시니어 DUTY 교육
- 기내 이탈리아어 방송자격 A+
- 로마 노선 전담 승무원

| 이운 |

현) 국제대학교 항공서비스학과 조교수

[저서] 한식조리기능사
중국어판(공저)

| 모덕리 |

홍익대학교 영어영문학과 졸업

현) 연성대학교 항공서비스과 – 출강
(주)빅피쉬 커뮤니케이션즈 – 전략지원본부 근무
전) (주)화풍HIQ – 무역부 근무
(주)대한항공 – 객실 승무원, 객실 사무장 근무

| 여홍화 |

경영학 박사수료

현) 수원과학대학교 항공관광과 조교수
전) 연변대학사범분원 중국어 조교수

승무원 서비스 중국어

초판 발행	2016년 2월 11일
2판 발행	2021년 8월 20일

저 자	이선지 · 이운 · 모덕리 · 여홍화
펴낸이	임 순 재
펴낸곳	(주)한올출판사
등 록	제11-403호
주 소	서울시 마포구 모래내로 83(성산동 한올빌딩 3층)
전 화	(02) 376-4298(대표)
팩 스	(02) 302-8073
홈페이지	www.hanol.co.kr
e-메일	hanol@hanol.co.kr
ISBN	979-11-6647-112-4